KB172997

왕수인이 들려주는
양지 이야기

왕수인이 들려주는

양지 이야기

ⓒ 이종란, 2006

초판 1쇄 발행일 2006년 2월 17일
초판 14쇄 발행일 2022년 3월 31일

지은이   이종란
펴낸이   정은영

펴낸곳   (주)자음과모음
출판등록   2001년 11월 28일 제2001-000259호
주소   10881 경기도 파주시 회동길 325-20
전화   편집부 (02)324-2347 경영지원부 (02)325-6047
팩스   편집부 (02)324-2348 경영지원부 (02)2648-1311
e-mail   jamoteen@jamobook.com

ISBN 978-89-544-1934-5 (64100)

• 잘못된 책은 교환해드립니다.

왕수인이 들려주는
양지 이야기

이종란 지음

|주|자음과모음

책머리에

우리는 종종 이런 생각을 해 봅니다. 어떤 친구들은 나를 좋아하고, 어떤 친구들은 나를 싫어하는데, 나를 싫어하는 친구들은 왜 그런 걸까? 이 세상에는 착한 사람들도 많지만, 나쁜 사람들도 있는데 그들은 날 때부터 나쁜 사람들이었을까? 아기들을 보면 누구나 착하고 귀엽기만 한데, 그들이 자라면서 나쁘게 변하는 이유는 뭘까? 또 사람들은 어릴 때부터 부모님이나 선생님으로부터 착하게 자라야 한다고 배웠는데, 어째서 배운 대로 착하게 자라지 못하는 걸까? 착하지 않은 사람들에 대한 이러한 생각이 꼬리를 물고 일어날 때가 많았겠지만, 시원한 답을 얻지 못했을 것입니다.

사실 이러한 질문에 대해 시원하게 답할 수 있는 사람은 많지 않습니다. 그래서 우리는 스스로 탐구하면서 나보다 좀 더 잘 아는 사람에게 물을 수밖에 없습니다.

우리가 읽을 이야기는 주인공의 그러한 태도를 염두에 두고 전개됩니다. 이 이야기는 중국 명나라 학자인 왕수인과 이름이 똑같은 주인공 수인이의 생활을 통하여 왕수인 철학의 핵심을 풀이하고 있습니다.

'왕수인' 하면 철학이나 역사를 전공하지 않은 사람에게 다소 생소한 이름이지만, 역사적으로는 중국뿐만 아니라 한국과 일본에 큰 영향을 끼친 학자입니다. 그리고 그의 사상 속에는 오늘날에도 여전히 유효한 내용이 담겨 있습니다.

이야기는 어머니가 돌아가시고 아버지와 둘이 살던 왕수인이라는 여자아이가 시골의 작은 분교로 전학을 오면서 시작됩니다.

제1편 '왕수인 VS 왕수인'에서는 주인공이 시골 분교에 전학을 가 만나게 되는 개구쟁이들과의 관계를 통하여 유학의 의미와 왕수인과 양명학에 대해 간단히 소개합니다.

제2편 '초대받지 않은 손님'에서는 중국 철학자 왕수인과 마찬가지로, 새엄마의 등장으로 인해 발생하게 되는 갈등을 이야기합니다.

제3편 '달게 받은 벌, 양지'에서는 사건의 갈등을 통해서 양명학의 내용 가운데 하나인 양지를 깨닫게 되는 과정을 그렸습니다.

제4편 '지행합일'도 사건을 통하여 그 개념을 이해하도록 하였습니다.

이러한 과정을 겪으면서 주인공은 정신적으로 크게 성숙하게 됩니다. 처음에는 사이가 좋지 않았던 시골 분교 아이들과도 많이 가까워지고, 나중에는 정들었던 친구들과 헤어지기 싫어 자기가 살던 서울로 다시 전학 가는 것조차도 포기합니다.

어떻게 해서 그렇게 마음이 변했냐고요? 그것을 알고 싶다면, 책장을 넘겨 천천히 읽어 보시기 바랍니다.

차례

책머리에
프롤로그

에필로그

부록 **통합형 논술 활용노트**

프롤로그

제 이름은 왕수인입니다! 만나서 반가워요. 저는 태어나서 지금까지 쭉 서울에서만 살다가 이제는 시골에서 사시는 할머니랑 같이 살게 되어 이 새싹초등학교로 전학을 왔습니다.

저는 이런 시골에서는 단 한 번도 살아 본 적이 없어요. 그래서 걱정도 많이 되지만 다행이라는 생각도 들어요. 서울에서는 학원을 네 군데나 다녔거든요. 영어 학원, 수학 학원, 피아노 학원, 태권도 학원이요. 재미있어서 다녔던 건 아니에요. 재미가 없어도 다녔던 이유가 있어요.

저는 서울에서 아빠와 단둘이 살았거든요. 그런데 방과 후에는 집에 혼자 있어야 했기 때문에 어쩔 수 없이 학원에 다녀야 했어요. 혼자 심심해하지 말라고요. 그리고 아빠는 다른 친구들도 모두 학원에 다니니까 저도 꼭 다녀야 한다고 하셨어요. 그런데 시골에는 학원 같은 게 없잖아요? 이제 제 맘대로 시간을 보낼 수 있다고 생각하니 너무 좋아요.

여기는 삼 일 전에 왔어요. 저는 공기 맑고 경치 좋은 시골 동네를 상상했는데 처음부터 너무나도 끔찍한 거름 냄새에 코를 틀어막았답니다. 할머니의 텃밭에서 나는 냄새였어요. 그 냄새를 맡는 순간 다시 서울로 돌아가고픈 생각뿐이었지만, 뭐 어쩔 수 있나요. 어휴, 아직도 머리가 띵해요.

제 특기는 컴퓨터 게임과 피아노 연주예요. 여러분과 나중에 꼭 같이 해 보고 싶어요. 또 다른 특기이자 취미는 동화 쓰기랍니다. 저는 서울에서 바쁜 와중에도 틈틈이 동화를 썼어요. 공주나 왕자가 나오는 유치한 이야기는 아니에요. 언제 꼭 한번 여러분들에게 읽어 주고 싶네요.

음, 저에 대해 더 궁금한 점이 있으면 이따가 쉬는 시간에 물어보도록 하세요. 아무튼 이렇게 만나게 되어서 너무 반가워요. 앞으로 친하게 지내도록 해요.

아, 그런데 이 반은 왜 학생 수가 네 명 뿐이에요?

왕수인 VS 왕수인

겸손은 선을 모으는데 으뜸이 되며
거만함은 악을 모으는데 기본이 된다.
−왕수인−

나 왕수인은 전교생이 네 명뿐인 새싹초등학교로 전학을 온 왕깔끔 서울 소녀! 서울에서는 착하고 예뻐서 인기가 많았는데, 어째 첫날부터 험난하다, 험난해!

새싹초등학교에서의 첫날

짝짝짝짝.

내가 인사를 마치자 나를 멍한 표정으로 바라보고 있던 네 명의
반 아이들은 마지못해 박수를 쳤다. 네 명의 아이들은 텔레비전에
서 보았던 시골 아이들처럼 얼굴이 까맣다. 시골 아이들은 태어날
때부터 얼굴이 까만 걸까? 아니면 여름이면 단체로 해수욕장에
놀러 가는 걸까? 이따 친해지면 한번 물어봐야지.

내가 홀로 떨어져 있는 빈자리에 앉자 얼굴이 예쁜 담임선생님

이 쌩긋 웃으셨다.

"수인이, 정말 반가워요! 우리 새싹초등학교는 전교 학생 수가 네 명뿐인 분교랍니다. 여기 있는 네 명의 친구들이 새싹초등학교의 전교생이에요. 아, 이제 수인이가 왔으니 다섯 명이군요!"

으악! 뭐라고? 이 학교 학생 수가 총 네 명, 아니 나까지 포함해서 다섯 명이라고? 세상에 이렇게 학생 수가 적은 학교도 있나? 내가 다니던 서울 미래초등학교는 5학년 학급 수만 열 개였는데.

"수인이의 인사를 들어 봤으니 우리 사총사도 수인이에게 자기소개를 해 볼까요?"

담임선생님은 예쁜 얼굴만큼이나 마음씨도 고우실 것 같다. 목소리도 꾀꼬리 같으시다. 선생님이 입으신 저 원피스도 예쁜 걸? 아빠가 시골에 내려오시면 저 원피스랑 비슷한 걸 사 달래야지.

그런데 네 아이들의 표정은 뚱하기만 하다. 기분 안 좋은 일이라도 있는 걸까? 아니면 내가 맘에 안 드는 걸까? 시골에는 왕따 같은 것도 없다고 들었는데.

맨 먼저 키가 소나무만큼이나 크고 머리는 수박만큼이나 큰 남자 아이가 자리에서 일어나 몸을 배배 꼬며 자기소개를 했다.

"내는 그냥 '콩나물'이라고 부르면 된다. 우리 동네에서는 모두

내를 그렇게 부른다. 우예됐든 니캉 내캉 만나게 돼가 반갑꼬 서울 얘기 많이 해도."

 그 다음에 자리에서 일어난 아이는 개중에서도 유난히 얼굴이 까맣고 머리가 울퉁불퉁하게 생긴 남자애였다.

 "저……, 내는 '가……감자'라고 한다. 우리 동네에서는 모두……, 내를 그렇게 부른다. 우예됐든 만나게 돼가 반갑꼬 서울 얘기 많이 해……해도고."

 감자라는 애가 더듬더듬 콩나물이라는 애랑 똑같이 인사를 하자 나는 고개를 갸우뚱했지만 자기들끼리는 뭐가 그렇게 웃긴지 낄낄거리기 바빴다.

 세 번째로 일어나 인사를 한 건 나보다 나이가 어려 보이는 꾀죄죄한 남자 아이였다. 입가에는 침이 말라붙어 있고 연신 흐르는 코를 훌쩍훌쩍 소리 내며 들이마신다. 이런 말 하긴 그렇지만 좀 씻지. 집에 목욕탕이 없는 걸까?

 "내는 '된장'이다. 4학년인데, 훌쩍, 내가 비록 4학년이지만 콩나물, 감자 행님들하고 급이 같다꼬 보면 된다! 우째됐던동 내한테 잘 뵈야 할끼야, 훌쩍."

 네 번째로 인사를 한 건 초등학교 1학년이나 2학년쯤으로 보이는 귀여운 여자 아이였다. 그러나 뭐가 그렇게 불만인지 주먹을 쥐고 씩씩거렸다.

"내는 감자 오빠의 동생이고 '민들레' 라 칸다!"

이렇게 외치고는 자리에 앉아 버리는 거였다.

인사를 모두 마친 뒤 바로 수업이 시작되었다.

세 개 학년의 수업이 한 반에서 진행되다 보니 담임선생님은 정신이 하나도 없으시다. 4학년 된장을 봐 주고 계시면 2학년 민들레가 징징거리고, 민들레의 공부를 봐 주시다 보면 5학년 콩나물과 감자가 신나게 교실을 뛰어다니며 떠드는 거다. 정말이지 서울에서는 있을 수 없는 일이다.

게다가 저 네 명의 아이들은 참 이상하다. 자기들끼리 화가 났다가 자기들끼리 낄낄거리다가 또 나를 흘끔흘끔 보며 뭔가 이야기를 나누다가 씩씩거리기도 하는 거였다.

그리고 세 번의 쉬는 시간이 지나고 네 번째 수업 시간이 지났는데도 나에게 말을 거는 아이는 단 한 명도 없었다.

'흥. 나도 너희들하고 놀 생각 별로 없다, 뭐!'

나는 속으로 이런 생각을 하면서도 약간 서글픈 생각이 들었다.

서울깍쟁이의 이상한 숙제

"그럼 오늘 수업은 이만 마치겠어요. 모두 집으로 돌아가도 좋아요!"

"쌤님, 감사합니다!"

드디어 새싹초등학교에 전학 온 첫날의 수업을 모두 마쳤다. 나는 휴우, 하고 안도의 한숨을 내쉬었다. 결국 아무도 나에게 말을 걸지 않았다. 나한테 가까이 다가오는 아이도 없었다.

어서 집으로 가야지. 집에 가도 할머니밖에는 안 계시지만, 그런

건 상관없다. 방과 후에 혼자 노는 건 익숙하다. 가끔 학원에 빠지고 혼자 집에서 논 적도 있었으니까. 오늘은 며칠 전에 쓰다 만 동화를 완성해야지. 동화에는 준수가 나온다. 준수는 나의 서울 남자 친구인데 헤어지면서 많이 울었다.

"서울에서 왔다고 하면 다들 잘해 줄 거다. 시골 가서도 행복하게 잘 지내라. 연락 하고."

준수의 마지막 말이 아직도 귓가를 맴돈다. 많이 보고 싶다.

"야! 봐라, 왕여시!"

신발장에서 빨간 구두를 꺼내 막 신으려는데 누군가가 뒤에서 왕여시를 불렀다. 왕여시? 왕여시는 또 누구지? 암튼 이 동네는 죄다 별명으로 통하는구나. 나도 별명을 하나 만들어야 하나? 서울에서의 별명은 '왕서방'이었다. 다시 그 별명으로 불리기는 너무 싫어! 준수랑 같이 있을 때 누가 장난으로라도 나를 왕서방이라고 부르면 난 너무 부끄러워서 잉잉 울곤 했지.

나는 구두 한 짝을 신었다.

"귀가 맥혔나! 와 안 들리는 척하고 자빠졌노. 큭큭."

"야! 니 말이다, 니! 서울깍쟁이! 왕여시!"

"킥킥킥."

뭐? 서울깍쟁이? 그건 분명히 나한테 하는 말이다. 내가 왕여시라고? 나는 마저 신으려던 신발 한 짝을 꽉 쥐고 뒤를 돌아보았다.

"뭐? 지금 나 부른 거니?"

"킥킥. 서울깍쟁이가 여기 니 말고 또 있나?"

콩나물, 감자, 된장, 민들레 네 명은 허리에 양 손을 올리고 일렬로 서서 나를 노려보고 있었다.

"내가 왜 서울깍쟁이고 왕여시니? 난 니들한테 잘못한 거 하나도 없는데!"

내가 얼굴이 빨개져서 네 명에게 대들자 아이들은 뭐가 그렇게 웃기고 신이 나는지 킥킥거렸다.

"누가 잘못한 거 있다고 그랬나? 서울깍쟁이들은 말끼도 못 알아듣는 갑다. 안 글나, 야들아?"

"그래 말이다. 오빠야, 저 빨간 구두 쫌 봐라. 왕여시답다!"

"니가 서울에서 왔으면 다가? 이거 완전 잘난 체 덩어리네!"

네 명이 계속해서 나를 놀리자 나는 너무 화가 나서 씩씩거리기 시작했다. 내가 왕여시에 잘난 체 덩어리라니. 정말 억울하다.

결국 치사하지만 최후의 방법을 쓰기로 했다. 이 방법이 서울에서는 잘 안 먹혔지만, 이 아이들한테는 어쩐지 잘 먹힐 것도 같단

말이지.

"너네 자꾸 그렇게 놀리면 선생님께 이를 거야! 아니면 서울 사는 우리 삼촌한테 이를 거야. 우리 삼촌 경찰이야!"

경찰이라는 말에 감자는 움찔하는 표정이었다.

"이모부는 형사다, 형사!"

형사라는 말을 듣자 감자는 자기도 모르게 콩나물 뒤에 숨었다.

"게다가 고모부는 태권도 사범이야! 너희들은 옆차기, 돌려차기 한 방씩이면 끝나!"

콩나물도 이번에는 약간 겁먹은 눈치였다. 콩나물은 머뭇머뭇거리더니 한 발 뒤로 물러선 다음 떠듬떠듬 말을 하기 시작했다.

"우……우리는 니를 놀리려는 게 아니고 음, 도……도와주려는 거지! 내일까지 해야 되는 숙제가 있거든! 마……맞제, 야들아?"

콩나물이 이렇게 말하자 감자, 된장, 민들레도 고개를 끄덕이며 맞다, 맞다 했다.

"내……내일까지 숙제를 안 해 오면 혼난다! 그래서 그걸 알려주려고 니를 부른 긴데."

나는 굳었던 표정을 풀고 슬며시 웃었다. 비록 서울깍쟁이나 왕여시라고 놀리긴 했어도 나를 도와주려는 뜻에서 그런 거구나. 시골 아이들이라 나한테 말 걸기가 부끄러워서 괜히 놀리면서 친해지려고!

나는 콩나물에게 다정하게 물었다.

"고마워. 그런데 내일까지 해야 하는 숙제가 뭔데?"

"뭐……뭐라카더라. 된장, 니가 자세히 알고 있제?"

콩나물이 된장을 돌아보며 묻자 된장은 몸을 배배 꼬고 눈알을 이리저리 굴려 가며 대답했다.

"으……응. 그……그게 뭐라카더라. 그……그게, 뭐냐면 말이지……."

"양명학에 대해 조사해 오는 거다! 양명학!"

그때 감자가 큰 소리로 대답했다. 그러자 다른 아이들도 고개를 끄덕이며 맞아, 맞아 했다.

"양명학? 그게 뭐니?"

"우……우리도 당근 모른다. 그……그러니까 숙제지. 내일까지 꼭 해 와야 하는 거다! 그……그럼 우린 가 볼란다. 안녕!"

나에게 인사를 한 네 명은 후다닥 신발을 신고 훌쩍훌쩍 뛰어서 운동장을 가로질렀다. 그리고 곧 교문을 빠져나갔다.

양명학……, 그게 대체 뭐지?

집으로 돌아온 나는 내 방에 누워 고민에 빠졌다. 이럴 때 컴퓨터라도 있으면 좋으련만. 아빠는 나를 이곳으로 내려 보낼 때 간단한 옷과 책만 싸서 보내셨다. 금방 다시 나를 데리러 오겠다고 하시면서.

서울에서는 모든 숙제를 인터넷을 이용해 금방 해결했다. 이런 고민 같은 건 할 필요가 없었단 말이다.

"수인이 고구마 묵을래?"

그때 할머니가 내 방문을 여셨다.

"싫어!"

"그럼 떡 쪄 주까?"

"그것도 싫어!"

"그럼 과일이라도……."

"싫다고! 싫다는데 왜 자꾸 그래!"

나는 버럭 할머니한테 짜증을 냈다. 할머니는 매일 먹을 거리 이야기뿐이다. 이거 먹을래? 저거 먹을래? 많이 먹어라 등등.

"그럼 먹고 자플 때 이 할매한테 말해다고."

할머니는 속이 상하셨는지 조용히 방문을 닫고 나가셨다. 나는 쪼르르 할머니를 따라 나갔다.

"할머니! 나 서울에서 컴퓨터 가져다줘!"

"그건 와?"

"내일까지 해야 하는 숙제가 있는데 컴퓨터도 없고 학원 선생님한테 물어볼 수도 없고 큰일이란 말이야."

"차근차근하게 생각해 보믄 되지, 꼭 콤퓨타가 있아야 되나?"

할머니는 답답한 소리뿐이다. 차근차근 생각해 보면 숙제가 해결되나?

"할머니는 양명학이 뭔지 알아? 모르지? 들어 본 적도 없지? 그런데 어떻게 차근차근 생각해 보면 숙제가 해결된다는 거야? 나 숙제 못해서 내일 혼나면 할머니가 책임질 거야? 응? 나 당장 서울 갈래! 엉엉."

나는 결국 울음을 터트리고 말았다. 아빠도 밉고 일찍 돌아가신 엄마도 밉다. 컴퓨터도 없고 숙제도 할 수 없는 이런 시골로 나를 혼자 보내다니.

"아이구, 수인아 울지 말거레이, 응?"

할머니가 달랬지만 나는 울음을 그치지 않았다. 너무너무 화가 난다.

"수인아, 할매가 방도가 생각났데이!"

그때 할머니가 방법이 있다고 말씀하셨다. 대체 그 방법이란 게 뭘까? 나는 눈물을 뚝 그치고 할머니를 쳐다봤다.

"할매가 와 그 생각을 못했을꼬. 요 옆집에 젊은 총각이 하숙을 하는데 철학대학교 대학원을 다닌다카더라. 니도 잘 알제, 철학대학교? 그라이 똑똑하지 않컸나. 그 오빠야한테 가서 숙제 쪼매 갈켜 돌라꼬 해 보라 마."

내 표정은 금세 환해졌다.

③ 옆집 오빠

옆집은 지어진 지 오래된 한옥이었다. 현대식으로 공사를 해서 화장실이 안에 있는 할머니네 집하고는 다르게 화장실도 밖에 있고 탁 트인 마루도 옛날 그대로인 집이었다. 할머니가 말했던 옆집 총각 오빠는 사랑방에 하숙하고 있었다.

"안녕하세요? 저는 서울에서 전학을 온 왕수인이에요. 할머니가 오빠한테 가면 분명히 제 숙제를 해결해 주실 거라고 해서 찾아왔어요."

내가 목소리를 가다듬고 꾸벅 인사를 하자 오빠는 미소를 지으며 내 머리를 쓰다듬어 주었다.

"옆집에 예쁜 서울 아이가 이사를 왔다고 하더니 바로 너구나. 정말 똘망똘망하고 귀엽게 생겼네."

우와! 자세히 보니 오빠는 준수를 많이 닮았다. 부드러운 미소하며 작지만 반짝이는 눈, 빛나는 머릿결, 커다란 키. 준수한테는 좀 미안하지만 준수보다 오빠가 더 잘생긴 것 같기도 하다. 히히.

"그래, 무슨 숙제인데 그러니?"

"양명학이란 것에 대해 알아 오는 거예요. 서울에 살았다면 인터넷에서 찾아서 금방 숙제를 했을 텐데."

나는 울상을 지었다.

"허허, 안 되지. 숙제는 그렇게 하면 안 돼요. 인터넷에서 숙제를 찾아서 베끼면 머릿속에 들어오겠니?"

"아니요. 늘 금방 잊어버렸어요."

"숙제는 스스로 해결해야 한단다. 그래야 머릿속에 오래 남고 진짜 공부를 할 수 있는 거야. 그런데 무엇에 대해 알아 오는 게 숙제라고?"

"양명학이요!"

내가 대답을 하자 오빠는 고개를 한번 갸우뚱하셨다.

"정말 양명학에 대해 알아 오는 것이 숙제니?"

"네, 반 친구들이 알려 줬어요. 콩나물, 감자, 된장, 민들레……."

오빠는 다시 미소를 지으셨다.

"그래. 알았다. 오빠가 알려 줄 테니까 잘 들어야 한다."

"네!"

"그러고 보니 정말 이런 우연도 있구나! 양명학을 완성한 사람이 바로 왕수인이라는 사람이란다."

우와! 나는 신이 났다. 나는 늘 내 이름에 불만이었다. 서울에서의 내 별명이 왕서방이었던 것도 다 내가 왕씨였기 때문이다. 그런데 양명학이 뭔지는 잘 모르겠지만 왕수인이라는 이름의 위인도 있다니 정말 신기하기도 하고 기분도 좋다.

"오빠! 왕수인이라는 사람에 대해 더 자세히 알려 주세요!"

"허허, 그래. 궁금하지? 그런데 왕수인은 수인이처럼 예쁜 여자가 아니라 남자란다. 그의 삶은 정말 파란만장했어. 책상에서 공부한 시간보다 전쟁터에 나가 싸운 시간이 더 많은 사람이란다. 왕수인의 호가 양명(陽明)이라서 그가 세운 학문을 양명학이라고 부르게 된 것이고."

"호라는 건 뭔데요?"

"남이 불러 주는 이름을 '호'라고 한단다. 네가 아까 너희 반 아이들의 이름을 콩나물, 감자, 된장, 민들레라고 불렀지? 그건 그 아이들의 실제 이름은 아니지만 남들이 그렇게 불러 주니까 자연스럽게 그런 별명을 가지게 된 거란다. 그런 것을 호라고 하지. 왕수인이 서른한 살 때 벼슬을 그만두고 고향인 사오싱으로 돌아와 양명동이란 곳에 집을 짓고 생활을 한 적이 있었는데, 이 때문에 사람들은 그를 양명 선생이라 불렀단다. 그래서 왕수인의 호가 양명이 된 것이고 그가 세운 학문을 양명학이라 부른 거야."

나는 고개를 끄덕였다. 오빠의 목소리가 어찌나 나긋나긋하신지 머리에 쏙쏙 들어온다. 나는 나도 모르게 헤벌쭉 웃을 뻔했다. 안 돼. 다시 도도한 척!

"아. 그렇군요. 양명학은 그럼 어떤 학문인가요?"

"응. 양명학은 유학의 한 갈래란다."

앗, 아는 것 나왔다! 내가 얼마나 똑똑한지 뽐내 볼까?

"유학이라면 다른 나라에 가서 공부하는 걸 말하는 거죠? 우리 아빠도 제가 중학생이 되면 미국으로 유학을 보내시겠대요. 글로

벌 시대에 영어는 필수니까요."

나는 '글로벌'을 발음할 때는 한껏 멋스럽게 혀를 굴렸다. 글로벌. 그러자 오빠는 껄껄 웃으셨다. 내 발음이 너무 좋아서 그러시나?

"하하. 수인아. 오빠가 여기서 말하는 유학은 그 유학을 뜻하는 게 아니란다. 한글로 쓰면 똑같지만 한자로 쓰면 다르지. 오빠가 말하는 유학은 중국 고대의 문화를 공자라는 사람이 총 정리하여 후세에 전해 준 학문을 말한단다."

으악! 난 정말이지 쥐구멍이 있으면 숨고 싶은 기분이었다. 잘 알지도 못하면서 잘난 체를 하다니 웬 망신이야. 그렇지만 공자라는 사람에 대해서는 확실히 안다. 아까의 망신을 만회하겠어.

"공자라는 사람에 대해서는 정말 알아요. '사람은 사람답게 살아야 한다'고 말한 사람이잖아요. 사람답다는 것은 도덕적인 인간이 된다는 것이고요."

내가 이렇게 말하자 오빠는 깜짝 놀란 눈치였다. 흥, 서울에서 온 나를 뭘로 보고!

"수인이 제법이구나."

"인터넷에서 공부했어요! 그러니까 인터넷이 나쁜 것만은 아니라고요. 이것저것 찾아보면서 지식도 많이 느니까요."

나는 어깨가 으쓱했다. 사실 철학과 교수를 아빠로 둔 준수랑 친해지기 위해 인터넷으로 혼자 공부한 거다. 준수는 반에서 함께 철학 이야기를 할 만한 친구는 반에서 나밖에 없다며 사귀자고 고백을 했다. 그때 생각을 하니 또 서울로 돌아가고 싶어진다.

"그래. 공자 사상의 핵심은 '인(仁:어질다)'인데 요즘말로 '사람다움'을 뜻한다고 보면 된단다. 또 그 사람다움을 나타내는 형식이 '예(禮:예의 바르다)'라고 했어. 공자는 '예가 아니면 보지 말고 예가 아니면 듣지 말라'고까지 말했단다. 네 말대로 '사람답다'라는 말은 곧 도덕적인 사람을 뜻하지. 따라서 공자의 유학은 도덕적인 인간이 되는 것을 중시한단다. 도덕적인 인간이란 가령 임금은 임금답고 신하는 신하답고 아버지는 아버지답고 자식은 자식다운 것이다."

"알겠어요. 그런데 왜 공자의 유학에 다른 갈래가 생겼나요? 양명학 같은……."

"후세로 올수록 문화가 복잡해지니 공자를 바라보는 사람들의 관점에 변화가 생길 수밖에 없지. 그래서 유학에 여러 갈래가 생겼던 거다. 음, 예를 들면 옛날에는 연예인을 천한 직업이라고 생각했단다. 그런데 요즘에야 어디 그렇니? 오히려 선망의 대상이지. 또 연예인에도 많은 부류가 생기지 않았니. 개그맨, 가수, 영화배우, 연극배우 등등 말이다."

나는 또 다시 아는 체를 하고 싶어 입이 근질거렸다.

"공자의 사상을 이어받은 사람이 바로 맹자지요?"

"하하. 그렇단다. 맹자는 공자의 '인'의 사상을 이어받고, 거기에 '의(義:의롭다)'라는 것을 첨가하였는데, 사람은 날 때부터 양심을 갖고 태어난다고 주장했지. 또한 백성이 곧 하늘이라는 '민심이 천심이다'라는 사상과 백성의 뜻을 저버리는 임금은 쫓아낼 수 있다는 '혁명 사상'도 주장했어. 주자나 왕수인도 이런 맹자의 사상을 잇고 있다고 볼 수 있단다."

"주자요? 주자는 누구예요?"

"하하. 요 녀석. 인터넷으로 딱 맹자까지만 공부를 했구나?"

앗, 오빠한테 들켰다. 준수랑 사귀기로 한 이후부터는 철학 공부를 게을리 했고 또 전학을 오게 되는 바람에 더 이상 철학 공부를 할 필요가 없다고 생각했기 때문이다.

"공자 이후에 유학은 한나라 때에 크게 쓰였다가 이후 중국 역사에서 점차 쇠퇴하여 불교나 도교에 그 자리를 물려주었단다. 그러다가 당나라 말기부터 송나라에 접어들면서 일부 지식인들이 다시 유학에 관심을 돌리기 시작했어. 이렇게 유학에 대한 새로운 학풍이 일기 시작한 후, 최종적으로 유학을 완성한 사람이 바로 주자라고 불리는 주희란다. 그 유학을 우리는 주자학 또는 성리학이라 부른단다."

"주자가 주장한 사상은 뭔데요?"

"좀 어려운데 들어 봐라. 주자는 공자나 맹자가 말한 '사람다움'이라는 것이 우주와 자연의 본래 모습이라고 말했단다. 그리고 그것을 '태극'이라고 불렀어. 사람만이 아니라 모든 사물에는 이 태극이라는 이치가 들어 있는데 성인, 즉 지혜와 덕이 뛰어난 사람은 이 태극을 잘 발휘할 수 있다고 본 것이란다."

"그럼 평범한 보통 사람들이 태극을 잘 발휘하려면 어떻게 해야 하나요?"

"사물의 이치를 공부하여 그 속에 들어 있는 태극을 밝혀내면 마음이 밝아져서 성인이 될 수 있지. 그럼 태극을 잘 발휘할 수 있을 게다."

나는 고개를 끄덕였다. 주자의 사상은 공자, 맹자의 사상을 더욱 발전시킨 거라 그런지 좀 어렵다. 그렇지만 이대로 포기할 순 없지. 이제 시작이니까 말이다.

"그런데 왕수인은 왜 공자, 맹자의 사상을 더욱 발전시켜 새로
해석을 한 주자학을 받아들이지 않고 또 양명학을 만든 거예요?"

"그래. 이제 본격적으로 양명학에 대해 알려 주마. 잘 들어 보거
라. 그런데 수인이 배고프지 않니?"

양명학을 알려 주마!

오빠는 벽장문을 열더니 그 속에서 초콜릿이 듬뿍 들은 푹신한 스펀지 빵이며 과자, 사탕을 잔뜩 꺼내셨다.

"우와, 서울에서 매일 먹던 거예요!"

나는 너무 신이 나서 허겁지겁 먹기 시작했다.

"천천히 먹으렴. 그렇게 맛있니?"

"네!"

나는 큰 소리로 대답했다. 이 시골로 온 뒤부터는 이런 군것질거리는 정말 눈 씻고 찾아봐도 구할 수가 없었다. 할머니가 먹으라며 내오는 것들은 죄다 고구마, 감자, 옥수수, 떡 같은 맛없는 것들뿐이었으니.

"오빠! 이런 걸 감춰 두고 혼자 드시는 거예요?"

"하하. 이런 단 과자들을 좋아하는 사람이 있어서 말이다. 한꺼번에 사다 놓고 가끔 꺼내서 나눠 먹곤 하지. 수인이도 먹고 싶을 땐 언제든지 찾아오렴. 그렇지만 사실 진짜 맛있는 것은 시골 음식이란다."

"에이, 뭐가 맛있어요. 고구마, 감자, 나물 같은 건 맹맹하기만 해요. 피자, 햄버거 먹고 싶단 말이에요."

"하하. 수인이도 곧 알게 될 거다. 여기 음식들이 얼마나 맛있고 건강에 좋은지."

벽장 안에 있는 군것질거리를 거의 다 먹은 뒤에도 나는 입맛을 다셨다. 그렇지만 양명학에 대해 알아야 했기 때문에 다시 오빠와 마주 앉았다.

"아까 어디까지 했지? 아, 네가 왕수인은 왜 주자학을 받아들이지 않고 양명학을 만들었냐고 물었지?"

"네."

"잘 들어 봐라. 왕수인은 바로 주자학의 공부 방법이 잘못됐다고 보았단다. 아까 태극이라는 것은 어디에 들어 있다고 말했지?"

"음, 사람과 모든 사물이요!"

"그러면 태극을 알기 위해서는 사물을 일일이 연구해야겠네?"

"어휴, 그걸 어떻게 다 연구해요. 이 세상에 사물이 모두 몇 개인데! 지루해서 못하지요."

나는 손을 내저었다.

"그래. 맞다. 그래서 방법이 잘못됐다고 보는 거다. 왕수인은 진리란 오직 사람의 마음속에 있다고 보았어. 그러니 누구나 성인이 될 수 있다고 보았단다."

누구나 성인이 될 수 있다고? 나도?

성인은 기독교의 예수님 같은 사람을 말하는 게 아닌가? 기독교에서는 인간은 절대로 예수님 같은 존재가 될 수 없는데 유학에서는 누구나 공자와 같은 성인이 될 수 있다니 참 놀랍다.

"그럼 유학을 공부한 우리의 훌륭한 조상들은 모두 성인이 될 수 있었겠네요?"

"그렇단다. 유학이란 결국 성인이 되는 학문이야. 죽어서 천국에 가기 위해서가 아닌, 현재에 살고 있는 인간을 위한 학문이지. 이

땅의 가정이나 이웃, 나라가 잘되게 이끌어 주는 학문이니까."

"그러면 왕수인이 말한 성인이 되는 방법을 좀 알려 주세요. 저도 성인이 되고 싶단 말이에요."

오빠는 흐뭇한 표정을 지으며 내 머리를 쓰다듬었다.

"기특하구나. 성인이 되고 싶다는 말도 할 줄 알고! 아까 말했지? 왕수인은 책상 앞에 앉아서 조용히 공부할 시간이 별로 없었다고."

"에그, 공부를 진짜 싫어했나 봐요."

"하하. 그건 아니고, 관리가 된 이후부터는 전쟁에 참가하여 도적이나 반란군을 진압하는데 바빴기 때문이란다. 그래서 차분히 공부에 몰두할 시간이 없었기 때문에 간단하고 쉬운 학문이 필요했던 거지. 성인이 되기가 엄청나게 어렵다면 누가 되려고 하겠니? 간단하고 쉬운 것, 이게 바로 양명학의 장점이다. 왕수인은 진리란 오직 사람의 마음속에 있다고 말했지? 그래서 그저 자신의 마음을 잘 깨달으면 하늘의 이치, 곧 진리를 발견할 수 있고 또 그것을 실천하면 성인이 될 수 있다고 말했단다."

나는 고개를 갸우뚱했다.

"자신의 마음을 잘 깨달으면 진리를 발견할 수 있고 또 그것을 실천하면 성인이 될 수 있다고요? 잘 모르겠어요. 확실한 방법을 좀 알려 주세요."

오빠는 웃으면서 대답하셨다.

"하하. 벌써 저녁 먹을 때가 다 되었구나. 내가 오늘 설명해 준 것만 가지고도 숙제는 충분히 할 수 있을 거다. 다음에 다시 찾아와. 그때 더 자세히 알려 줄게. 저녁 먹고 가겠니?"

나는 이 멋진 오빠와 헤어져 집으로 오려니 너무 아쉬워서 선뜻 그러겠다고 했지만 감자밥과 된장찌개, 콩나물 무침, 두부조림이 전부인 저녁상을 보고는 갑자기 배가 아프다면서 집으로 돌아와 버렸다.

5 훌륭한 발표

다음 날, 나는 설레는 마음으로 학교에 갔다. 그러나 콩나물, 감자, 된장, 민들레는 여전히 자기들끼리 수군거리면서 킥킥거릴 뿐 나한테 가까이 다가오지 않았다. 슬프다. 그래도 서울에서는 예쁘고 똑똑하다고 인기가 많았던 나인데.

"아이꼬 눈꼴 시러버서. 저 서울깍쟁이, 옷 좀 봐라. 무신 무도회 날이가?"

콩나물이 나 들으라는 듯이 말하자 옆에서 민들레도 거들었다.

"흥. 지가 무신 공주인 줄 아나. 참말로 가관이다."

어머, 정말 뒷골 땅긴다. 5학년 애들이 놀리는 건 참을 수 있겠지만 2학년짜리까지 나를 놀리다니.

그리고 내 옷이 어디가 어때서? 내 옷들은 전부 다 서울 백화점에서 산 것들인데, 오늘 입은 옷은 특히 내가 아끼는 옷으로 얼굴이 하얀 나 같은 소녀들만 어울리는 하얀색 원피스란 말이다. 준수도 내가 이 옷을 입을 때면, "수인이 오늘 예쁜데?"라면서 칭찬해 주었다. 이 아이들은 몰라도 정말 너무 모른다.

드디어 수업 시간이 되자 내 가슴은 두근두근 떨리기 시작했다. 선생님이 콕 집어 나한테 발표를 시키셨으면! 그럼 어제 오빠한테 배운 것들을 진짜 멋있게 발표할 텐데. 저 아이들도 그런 내 모습에 감동받아 나와 친해지려고 하겠지?

"오늘 양명학에 대해 알아볼까요?"

우와! 드디어 발표를 시키시려나 보다. 다들 발표를 먼저 하려고 할 테니 내가 제일 먼저 손을 들어야지. 나는 오른손을 번쩍 치켜들었다.

엥, 그런데 다른 아이들은 놀란 표정으로 서로의 얼굴만 빤히 쳐다볼 뿐 아무도 손을 들지 않는다. 나한테 숙제를 알려 주고 정작 자기들은 안 해 왔나 봐.

"수인이 나와서 발표해 보겠어요?"

"네!"

나는 양명학에 대해 정리해 온 노트를 들고 교탁 앞으로 씩씩하게 나갔다. 그리고 목소리를 가다듬은 다음 양명학에 대해 설명하기 시작했다.

"양명학은 저와 이름이 똑같은 왕수인이라는 사람이 만든 학문입니다. 왕수인의 호가 '양명'이기 때문에 양명학이라 불리게 된 것이고요. '호'라는 것은 남이 불러 주는 이름을 말합니다. 양명학은 유학의 한 갈래입니다. 유학이란 공자라는 사람이 중국 고대의 문화를 총 정리하여 후세에 전해 준 학문으로 맹자, 순자 등이 공자의 유학을 이어받았습니다. 그리고 송나라 때 와서 새로운 유학을 완성한 사람이 주자라고 불리는 주희인데 왕수인은 주자학의 공부 방법이 잘못됐다고 보았기 때문에 주자학을 받아들이지 않고 새로 양명학을 만들게 된 것입니다. 주자는 온갖 사물에 태극이란 진리가 있다고 했지만, 왕수인은 사물을 일일이 공부해서는 진리를 찾을 수 없다고 보았습니다. 그는 성인이 되는 길을 알려 주는 학문은 간단하고 쉬워야 한다고 생각했으며 진리란 오직 사람의 마음에 있다고 보았습니다. 그래서 자신의 마음을 잘 깨달으면 진리를 발견할 수 있고 또 그것을 실천하면 성인이 될 수 있다고 하였습니다. 그러니까 양명학에서는 누구나 자신의 마음을 잘 깨닫고 노력하면 성인이 될 수 있다고 본 것이지요. 저 역시 열심히 공부하여 꼭 성인이 되고 싶습니다."

발표를 끝내자 아이들은 자기도 모르게 입을 벌리고 놀란 표정으로 나를 바라봤다. 선생님 역시 흐뭇한 표정을 지으셨다.

"수인이, 공부를 아주 많이 했네요. 아주 잘했어요. 자리로 들어가도 좋아요."

나는 뿌듯한 마음에 우쭐거리며 자리로 돌아와 앉았다.

다들 봤지? 내가 얼마나 똑똑한지! 이제 다들 나와 친해지려고 안달 낼 거야!

"수인이가 숙제를 아주 잘해 왔네요. 여러분, 그렇죠? 그 다음 누가 발표해 볼래요?"

선생님은 교탁 위로 올라가셔서 아이들에게 물으셨다. 네 명의 아이들은 자기들한테 발표를 시킬까 봐선지 모두 고개를 푹 숙이거나 딴청을 피웠다.

"감자가 해 볼래?"

감자는 머뭇머뭇할 뿐이다.

"그럼 콩나물이 해 볼래요?"

콩나물은 고개를 푹 숙이고 빨개진 얼굴을 들지 않는다.

"그럼 된장이가 해 봐라."

된장이는 아예 눈을 감고 꾸벅꾸벅 조는 척을 한다.

"모두들 숙제를 안 해 왔나요? 혼내지 않을 테니 대답해 봐요. 모두 숙제를 안 해왔어요?"

"……네."

혼내지 않겠다는 말에 네 명은 개미 기어가는 소리로 대답을 했다. 그러자 선생님의 표정이 굳어지셨다.

"그래요. 안 해 온 게 당연하겠죠. 선생님은 양명학에 대해 알아 오라는 숙제를 낸 적이 없으니까요."

앗! 선생님, 뭐라고요?

"콩나물, 감자, 된장, 민들레! 모두 일어나요!"

내가 얼떨떨한 표정으로 선생님과 아이들을 바라보자 네 명은 모두 고개를 푹 숙이고 의자에서 일어났다.

아니, 그럼 저 애들이 나한테 거짓말을 했단 말이야? 너무 억울해서 눈에서 눈물이 나려고 한다.

"······죄송합니더. 쌘님."

콩나물이 작은 목소리로 말했다.

"사과는 선생님이 아닌 수인이한테 해야지. 모두 수인이에게 거짓말한 것 지금 사과해요!"

"······미안."

"잘못했다."

저마다 잘못했다고 말을 했지만 나는 그것이 진심으로 들리지 않았다. 나는 결국 울음을 터트리고 말았다. 어제 서울깍쟁이, 왕여시라고 놀림 받은 것도 억울한데 그런 장난까지 치다니. 너무 못됐다!

"진짜로 미안하······."

"······울지 마라."

내가 울자 네 명은 어쩔 줄 몰라 하는 표정을 지었다.

"콩나물! 네가 대답해 봐. 수인이에게 왜 그런 장난을 쳤니?"

선생님이 물으셨다.

"······그냥 장난친 건데예."

"그럼 양명학은 또 어떻게 알고 알아오라고 한 거야?"

"어제 쌘님 책상에 《양명학》이란 책이 올려져 있는 걸 보고……."

이번엔 감자가 대답했다.

"하하. 너희들 정말 못 말리겠구나. 새로 전학 온 친구한테 잘해 줘야지. 그렇게 장난을 치면 어떻게 해? 이제부터는 수인이와 친하게 지내렴. 응?"

"네."

네 명은 똑같이 대답했다.

'흥. 이제 내가 너희들하고 친하게 지내고 싶지 않아! 절대 너희들하고 친해지는 일은 없을 거야!'

나는 작은 주먹을 불끈 쥐고 속으로 맹세했다. 그래도 이 가짜 숙제 때문에 옆집 오빠와 친해졌으니 반쯤은 용서해 주겠어. 그렇지만 나머지 반은 절대 용서 못해!

왕수인(王守仁: 1472~1528)

왕수인은 명나라 때의 철학자이자 문학가, 교육가, 군사 전략가, 관리였습니다. 처음 이름은 왕운(王雲)이었으며 나중에 수인으로 고쳤습니다. 자는 백안, 호는 양명이었고 그에게 가르침을 받는 사람들은 그를 양명 선생이라 불렀습니다. 1499년 과거에 합격하여 벼슬길을 걸었으며 환관 유근을 탄핵하다 미움을 받아 용장이라는 곳으로 귀양과 다름없는 좌천을 당했습니다. 거기서 '마음이 곧 진리'라는 것을 깨닫고, 뒤에 귀양에서 풀려나 관직 생활을 하던 중 도적의 소탕이나 반란을 진압하는 공을 세웠습니다. 그런 바쁜 생활 속에서도 학문에 몰두하고 제자들을 틈틈이 가르쳐 양명학을 완성시킵니다. 그의 마지막 일생도 도적을 소탕하고 돌아오는 길에 세상을 떠납니다.

주자학(朱子學)

주자학은 중국 남송 때 주자가 완성한 유학의 한 갈래입니다. 유학은 송나라 때 와서 불교와 유교의 도전을 받아 철학적으로 변천하게 되어 새롭게 만들어집니다. 이때 만들어진 유학을 송학 또는 성리학이라 불렀는데, 주자가 송나라 말에 완성하였기에 주자학이라 부른 것입니다. 우리나라에서는 퇴계 선생이나 율곡 선생이 주자학을 발전시킨 주자 학자에 속합니다.

양명학(陽明學)

　명나라 때 왕수인이 주자학에 대하여 불만을 느끼고 새로이 유학을 발전
시켰는데, 이것을 양명학이라 부릅니다. 양명학은 명나라 중기 이후에 크게
번성하였고, 많은 학자들을 배출하였습니다. 우리나라에서는 퇴계 선생이
양명학을 비판한 이후 양명학을 자유롭게 연구하지 못했습니다. 그러다가
하곡 정제두와 몇몇 학자들이 강화 학파를 이루어 양명학을 연구하였고, 구
한말 독립운동가 박은식 선생을 중심으로 여러 사람들이 양명학에 관심을
갖고 유교를 새롭게 개혁해 보려고 시도하기도 했습니다.

　양명학의 특징은 주자학에 비하여 공부 방법이 간단하다는 것입니다. 수
많은 책들을 읽어 가며 사물에서 진리를 찾아야 하는 주자학과 달리 자신의
마음에서 진리를 찾기 때문입니다. 그래서 생활 속에서 얻은 자신의 깨달음
을 쉽게 행동에 옮길 수 있습니다. 또 현실에 유연하게 대처할 수 있고 융통
성을 발휘할 수 있습니다. 반면에 저마다 자신의 깨달음을 진리라고 할 경우
진리의 기준이 흔들릴 우려가 있습니다.

초대 받지 않은 손님

자식을 길러 봐야 어버이의 공을 안다.
-왕수인-

오늘은 토요일! 서울에서 아빠가 내려오신다고 해서 들떠 있었어. 그런데 아빠가 데려온 아줌마는 대체 누구지?
엄마를 평생 안 잊겠다고 새끼손가락 걸고 약속했으면서! 아빠는 거짓말쟁이!

초대 받지 않은 손님

오늘은 학교에 안 가는 토요일. 아빠가 내려오신다고 전화가 걸려 왔기 때문에 아침부터 바빴다. 내가 이곳에서 얼마나 열심히 생활하고 있는지 보여 드리기 위해 내 방을 깨끗이 청소하고 예쁘게 보이기 위해 머리도 땋고 지난 생일에 아빠가 사 주신 옷도 깔끔하게 챙겨 입었다.

"수인이 아빠 온다카니까 글케 좋나?"

"응, 할머니! 그렇지만 할머니도 좋아요!"

나는 오랜만에 할머니한테 재롱도 떨었다.

"아빠가 무슨 선물을 사 오실까? 예쁜 구두를 사 오셨으면 좋겠어. 아니면 맛있는 케이크! 혹시 나를 다시 서울로 데려가려고 오시는 거 아닐까? 그럼 정말 좋겠다."

나는 기대에 들떠 자꾸 시계만 보았다. 아유, 시계가 멈췄나?

그때, 대문 밖에서 자동차 소리가 들렸다.

"할머니! 아빠 왔나 봐!"

나는 대문 밖으로 뛰어 나갔다. 역시나 아빠의 자동차였다.

"우와! 아빠!"

나는 자동차에서 내리는 아빠한테 한달음에 달려가 안겼다.

"아이구, 우리 딸! 잘 있었어?"

나는 아빠의 턱에 얼굴을 비볐다. 아빠 냄새는 그대로네? 얼마나 보고 싶었다고요, 아빠!

"네가 수인이니? 듣던 대로 정말 예쁘게 생겼네."

그때, 자동차의 조수석에서 누군가가 내리며 나한테 말을 걸었다. 화장을 진하게 한 어떤 아줌마였다. 저 아줌마는 대체 누구지?

내가 고개를 갸우뚱거리자 아빠는 허허 웃으면서 배가 고프니 우선 집으로 들어가 점심을 함께 먹자고 하셨다.

할머니는 상다리가 휘어지게 진수성찬을 차려 내오셨다. 평소와는 다르게 내가 좋아하는 양념 갈비, 동그랑땡, 소시지 볶음도 상에 올라왔다.

"우와, 맛있겠네! 할머니! 평소에도 이런 반찬 좀 많이 해 줘!"

나는 낯선 아줌마가 신경 쓰였지만 할머니와 아빠에게 재롱을 떨며 신나게 점심을 먹었다.

후식은 아빠가 사온 멜론과 키위였다. 이 시골에서는 쉽게 사서 먹을 수 없었기 때문에 나는 또 신나게 먹었다. 다들 나의 겉모습만 보고 공주처럼 얌전을 떨 것이라 생각하지만 실은 먹을 것 앞에서는 푼수가 된다. 어쩌면 왕서방이라는 별명은 정말 나한테 제일 잘 어울리는지도 모른다. 히히.

"수인아, 맛있니? 이 과일들 수인이 먹으라고 여기 계신 아줌마가 사 오신 거다. 많이 있으니까 두고두고 먹어라."

아빠의 말씀에 나는 아줌마에게 '고맙습니다'라고 인사를 했다. 점점 분위기 이상해진다. 이 아줌마 대체 우리 아빠랑 무슨 사이기에 여기까지 따라온 거지? 얼굴도 못생겨서는!

"수인아, 이 아빠가 너를 잘 돌봐 주기가 힘들어서 할머니 댁으로 보낸 건 알지?"

"네. 알아요. 여기서는 서울에서보다 덜 심심하고 재밌어요."

나는 거짓말을 했다. 서울에서 나는 훨씬 더 즐겁고 행복했다. 그렇지만 나를 시골로 보낸 아빠가 마음 아파하실까 봐 그렇게 말을 한 거다.

"여기서 잘 지낸다니 다행이구나. 그런데 이제 다시 서울로 가서 살지 않겠니? 아빠와……."

"와! 그게 정말이세요? 좋아요!"

우와. 정말 신난다. 다시 아빠와 함께 서울에서 살게 된다면 더 바랄 게 없지!

"하하. 그렇게 좋으니? 그래. 우리 당장 서울로 올라가서 같이 살자꾸나! 우리 수인이와 아빠와……, 그리고 이 아줌마와. 어떠니, 수인아."

나는 이해가 안 돼서 눈을 끔벅거렸다. 그게 무슨 소리지? 이 아줌마와 같이 산다니?

"우리 수인이는 조컸네. 엄마도 생기고!"

할머니는 내 머리를 쓰다듬으며 흐뭇하게 말씀하셨다. 엄마? 저 아줌마가 내 엄마가 된다고? 나는 처음 거름 냄새를 맡았을 때처럼 머리가 띵해졌다.

"우……우리 엄마는 따로 있잖아! 근데 저 아줌마가 왜 엄마가 돼?"

"수인아. 아빠는 이 아줌마와 결혼하고 싶어. 이 아줌마는 부족한 이 아빠보다 너를 더 사랑해 주실 거다."

내 눈에는 어느새 눈물이 맺혔다. 싫어! 싫어!

"싫어! 싫다고! 아빠는 거짓말쟁이!"

나는 자리를 박차고 일어났다. 그리고 얼른 내 방으로 뛰어와 문을 잠가 버렸다. 내 눈에서는 한없이 눈물이 흘러내렸다.

② 왕수인의 새엄마

"제가 너무 갑자기 찾아와서 수인이에게 충격만 줬나 봐요."

"아니오. 수인이도 언젠가는 받아들일 거요. 나는 당신이 수인이 때문에 상처 받았을까 봐 그게 걱정이오."

"너거들 결혼 날짜나 퍼뜩 잡거라. 수인이 신경 쓰지 말고. 수인이는 내가 데리고 살아도 된다 고마."

"그건 안 되지요. 어머니도 이제 저희가 서울로 모실게요."

나는 혼자 내 방구석에 웅크리고 앉아 건넛방에서 들려오는 어른들의 말 때문에 귀를 막으며 계속 울기만 했다.

아빠가 결혼을 하시다니. 그것도 저 아줌마와……. 아빠는 자주 돌아가신 엄마의 사진을 보며 우셨는데, 그게 다 거짓이었단 말이야? 나는 화가 났다.

꼬르르르륵.

창밖에 서서히 어둠이 깔리자 내 배 속에서는 연신 꼬르륵 소리가 났다. 이제 기운이 없어서 눈물도 안 나온다.

'다음에 다시 찾아와. 그때 더 자세히 알려 줄게.'

불현듯 다정했던 옆집 오빠의 말이 떠올랐다. 맛있는 것으로 가득 차 있던 옆집 오빠의 벽장 속이 기억났다는 게 사실 맞는 말일 거다.

나는 조용히 방문을 열고 주변을 살폈다. 다들 낮잠이라도 주무시는지 사방이 조용하다. 한 걸음, 한 걸음 발을 떼서 현관문까지 온 뒤 슬금슬금 내 구두를 찾아 손에 들었다.

'여기서 신으면 소리가 날 테니 나가서 신어야겠다.'

그때 또 다른 빨간 구두가 눈에 띄었다. 내 구두보다 훨씬 크고 내 구두보다 훨씬 반짝이고 내 구두보다 훨씬 예쁘다.

'흥. 우리 아빠가 사 준 걸 테지!'

나는 그 구두도 조용히 들어 손에 쥐고 현관문을 빠져나왔다.

집 앞에는 할머니가 상추며 호박, 고추 농사를 짓는 밭이 있다. 할머니는 거기다가 농약 대신 거름을 뿌리곤 했는데 그 거름 냄새가 아주 지독해서 머리가 띵할 지경이었다. 그 거름을 모아 두는 곳이 여기 어디쯤이었는데? 나는 마치 강아지처럼 코를 킁킁거리며 거름 냄새가 나는 쪽으로 갔다. 역시나 밭 옆에 조그마하게 볏단을 쌓아 둔 것을 나뭇가지로 헤치니 그 아래 거름이 가득 쌓여 있었다.

'어휴, 냄새!'

나는 코를 막고서 아줌마의 빨간 구두를 그 속에 깊숙이 처박았다. 그리고 정신없이 달려 옆집 오빠 집으로 간 나는 오빠의 얼굴을 보자마자 엉엉 울어 버렸다.

"수인아! 무슨 일이니? 왜 울어?"

깜짝 놀란 오빠는 나를 달래고 또다시 벽장에서 온갖 맛있는 군것질거리를 꺼내 주었다. 나의 눈이 반짝 빛났다.

"이거 먹기 전에 우선 말하렴. 왜 그렇게 울었니?"

"배⋯⋯배고파서요."

"새엄마 때문에 그랬니?"

아니! 오빠가 그걸 어떻게 알고 있지? 나는 또 눈물이 나오려 했다.

"수인이 아직 어린애구나. 너랑 이름이 같은 왕수인은 얼마나 의 젓했는데."

"왕수인에겐 새엄마 같은 건 없었을 거 아니에요!"

"아니란다. 왕수인에게도 새엄마가 있었단다. 그럼 그 일화를 이 야기해 주어야겠구나. 너도 왕수인이 썼던 그 방법을 써 봐도 좋 을 테니. 잘 들어 봐라. 왕수인이 열세 살 때 그의 어머니가 돌아 가셨단다. 왕수인은 매우 슬퍼했지. 그리고 그 뒤 할머니가 어머 니 역할을 대신해 주었단다. 그리고 곧 양씨라는 사람이 왕수인의 새엄마로 들어왔지. 안타깝게도 양씨는 왕수인을 사랑하지 않았 고 그를 괴롭혔단다. 왕수인이 울고만 있었느냐고? 아니다. 왕수 인은 그런 새엄마를 자기편으로 만들기 위해 머리를 썼단다."

"아니, 어떻게요?"

"왕수인이 하루는 길거리에서 부엉이를 팔고 있는 사람을 보았 단다. 무슨 생각에서였는지 수인은 부엉이를 사 가지고 돌아오다 가, 집 근처 점쟁이 집에 가서 노파에게 돈을 좀 주고 귓속말로 어 떤 부탁을 하더니 집으로 돌아왔다. 집에 돌아와서는 아무 일 없는 듯 자기 방에 앉아서 글을 읽고 있었지. 곧 새엄마의 방에서 찢어질 듯한 비명 소리가 들려왔단다. 새엄마가 장롱에서 옷을 꺼내려고 문을 열자 부엉이가 괴물처럼 튀어나와 온방을 푸드덕거리며 날고 있었기 때문이야. 너무 놀란 새엄마는 정신이 나간 사람처럼 소란을 피우며 벌벌 떨고 있었어. 당시 중국에서는 날짐승이 방 안에 들어오는 것을 매우 좋지 않은 징조로 여기던 터라 왕수인은 겁에 질려 불안에 떨고 있는 계모에게 다가가 시치미를 뚝 떼고 점쟁이에게 무슨 일인지 물어보자고 하였지. 그리고 잠시 후, 왕수인이 점쟁이를 데리고 왔는데 점쟁이가 문에 들어서자마자 계속해 고개를 잘래잘래 흔들며 이상해, 이상해, 하더라는 거야. 그리고는 왕수인의 새엄마에게 어떤 불길한 일이 닥쳐오고 있는 것 같다고 말을 했지. 그리고 점쟁이는 무서운 목소리로 부엉이는 수인이의 친엄마가 보낸 것이며 수인이를 계속 괴롭히면 목숨을 빼앗아 갈지도 모른다고 소리쳤어. 왕수인의 새엄마는 깜짝 놀라 자신의 잘못을 뉘우치고 그 이후로는 왕수인을 친아들처럼 아껴 주었대.”

나는 오빠의 이야기를 듣고 깔깔거리며 웃었다. 양명학을 완성한 왕수인에게 그런 재밌는 면이 있었다니!

"오빠. 너무 웃겨요. 그렇지만 요즘 세상에 그런 방법을 써먹을 수는 없는 거잖아요. 그리고 아직 그 아줌마가 나를 괴롭힌 것도 아닌걸요."

"하하. 내 말이 그 말이다. 아직 그 아주머니께서 너한테 잘못한 게 있는 것도 아닌데 왜 그렇게 싫게만 생각하니? 내가 듣기론 그 아주머니는 정말 좋으신 분이라고 하더구나. 아마 수인이를 진심으로 사랑해 주실 거야."

어휴, 오빠가 결국 이 말을 하려고 그랬구나. 쳇! 그래도 그 아줌마는 정말 싫다. 꼭 우리 아빠를 빼앗아 간 것 같다. 마귀할멈같이 생겨서는! 분명히 새엄마가 되면 나를 엄청나게 구박할 거다. 마치 《백설 공주》에 등장하는 왕비처럼!

"수인이, 이제 이거 먹고 집으로 돌아가거라."

난 정말 집에 가기 싫은데, 뭔가 핑계거리 없을까? 아!

"오빠, 왕수인에 대한 다른 일화는 없어요? 왕수인에 대해서 좀 자세히 알려 주세요. 지난번에 알려 주신다고 하셨잖아요."

"허허, 너 집으로 돌아가기 싫어서 그러지? 알았다. 그럼 왕수인에 대해 알려 줄 테니 이것만 듣고 집으로 가야 한다."

"네! 히히."

"음. 뭐부터 이야기해 줄까? 옳지. 왕수인의 출생에서부터 차근차근 이야기해 줄게. 왕수인은 1472년 사오싱이라는 곳에서 태어났단다. 사오싱은 전통적인 중국의 모습을 간직한 도시로서 시내에 운하가 많아 매우 아름다운 곳이라고 하더구나."

"가 보고 싶어요!"

"그래. 기회가 되면 꼭 한번 가 보렴. 왕수인의 어머니는 신령한 사람이 붉은 비단옷을 입고 흰 구름 사이로 피리를 불면서 한 아이를 건네주는 태몽을 꾸었단다. 그래서 동네 사람들은 그가 태어난 집을 '복된 구름의 집'이라는 뜻으로 '서운루'라고 불렀고 왕수인의 처음 이름도 구름 운(雲)자를 써서 운(雲)이라 지었단다. '서운루'는 아직도 남아 있다고 하니 나중에 사오싱에 가게 되면 꼭 들러 봐. 왕수인은 다섯 살이 되어서도 말을 하지 못했어. 하루는 여러 아이들과 어울려 놀 때, 마침 지나가던 나이 든 스님이 머리를 만지면서 이름을 바꾸는 것이 좋겠다고 하셨지. 그래서 할아버지가 운의 이름을 '사람다움을 지킨다'라는 뜻의 수인으로 바꾼 거야. 왕수인이 어릴 때부터 유교의 영향을 크게 받았다는 것을 알 수 있지? 왕수인은 어렸을 때부터 공부에 관심이 많았고 시도 잘 지었단다. 언젠가는 서당의 훈장님이 세상에서 무슨 일을

하는 것이 최고라고 할 수 있겠냐고 묻자 왕수인은 대답했어. '오직 독서하고 배워서 성인이 되는 것이 최고라고 생각합니다' 라고 말이지."

나는 깜짝 놀랐다. 될 성 부른 나무는 떡잎부터 알아본다더니 서당에 다니던 어린 나이에 벌써 성인이 되고 싶다는 말을 했다는 것이 놀라웠다.

누군가가 나에게 세상에서 무슨 일을 하는 것이 최고라고 할 수 있겠냐고 묻는다면 나는 뭐라고 대답을 할까? 돈을 많이 버는 것? 유명인이 되는 것? 나는 고개를 절레절레 흔들었다. 아무리 돈을 많이 벌고 유명해져도 내가 하고 싶은 일을 하지 못하면 좋을 게 하나 없지. 그렇다면 내가 좋아하는 건 뭘까?

"하하. 무슨 생각을 그렇게 골똘히 하니? 계속 이야기할게. 왕수인은 열네 살부터는 활쏘기와 말 타기를 공부하고 군사에 관한 지식인 병법을 연구하였단다."

"아니, 왜요? 그저 공부를 열심히 해서 정치인이나 철학자가 되면 될 텐데 그런 것까지 할 필요가 있었나요?"

"왕수인은 유학자라면 병법을 알아야 한다고 생각했단다. 글공부를 하는 유학자가 평상시에 부귀만을 탐내고 천하태평하게 겉만 꾸미다가 정작 나라가 어려움에 처하면 속수무책인 것은 유학자의 수치라면서 말이다. 또한 왕수인은 처음부터 자신의 사상을 깨닫고 자만하지 않았단다. 이런 일도 있었어. 왕수인은 주자가 쓴 글을 두루 읽다가 하루는 '모든 사물에는 속과 겉, 정밀함과 조잡함이 있고 나무 한 그루, 풀 한 포기에도 모두 진리가 숨어 있다'라는 구절을 보았지. 그래서 대나무 숲에서 대나무를 가져와 생각에 잠겨 연구하였으나 결국 진리를 얻지 못하자 드디어 병까지 걸렸단다. 그리고는 '성인이 되는 데는 정해진 분수가 있는 것이니 아무나 바랄 수는 없는 것이구나'라며 포기하였지."

나는 깜짝 놀랐다. 아까는 될 성 부른 나무는 떡잎부터 알아본다고 생각했는데 진리를 쉽게 얻지 못하자 자신은 안 된다며 포기하며 괴로워하는 모습도 보이다니.

"왕수인은 그만큼 학문에 대한 방황을 많이 했단다. 한때는 유학을 버리고 도교를 공부하기도 했어. 그렇지만 방황이 꼭 나쁜 것만은 아니지. 학문에 대한 열정이 없다면 의심이나 방황도 없을 테니까. 그러니까 수인이도 이제 그만 방황을 끝내고 집으로 돌아가세요!"

왕수인에 대한 이야기도 모두 끝이 났고 더 이상은 오빠의 집에서 시간을 보낼 수 없었다. 나는 떨어지지 않는 발을 겨우겨우 이끌고 오빠네 집에서 나왔다.

③ 귀신이 나왔다!

집 앞에서 몇 번이고 망설이던 나는 다시 발걸음을 돌렸다. 지금은 아빠 얼굴을 보기 싫다. 또 그 아줌마 얼굴도 보고 싶지 않다. 나 같은 건 신경 쓰지 말고 결혼 날짜를 잡으라던 할머니도 밉다.

나는 동네를 어슬렁어슬렁 배회하다가 깔깔거리는 웃음소리를 듣고 그리로 가 봤다. 웃음소리는 어떤 한옥에서 새어 나오는 것이었다.

"킥킥. 엄마! 간지러버!"

"호호호. 우리 민들레 때가 와 이렇게 많노. 우리 민들레 별명을 지우개로 바꿔 삐리야 겠네, 호호호."

민들레? 그럼 여기가 감자와 민들레의 집이구나.

대문 앞에서 민들레와 엄마가 장난을 치며 신나게 놀고 있는 소리를 듣고 있으니 내 자신이 더욱 초라하게 느껴졌다. 그리고 엄마가 보고 싶었다.

엄마는 내가 초등학교 2학년 때 갑작스럽게 돌아가셨다. 그때 너무 슬퍼서 한동안 학교도 못 가고 누워만 있던 생각이 난다. 아빠와 새끼손가락을 걸며 엄마를 평생 잊지 말자고 약속했었는데……. 아빠는 진짜 거짓말쟁이다!

"수……수인이 아이가? 니 우……우리 집 앞에서 뭐하노?"

감자였다. 감자는 슈퍼에라도 다녀오는지 손에 비닐봉지를 들고서서 나를 보고 있었다.

'아유, 부끄러워!'

나는 얼른 눈물을 닦고 나도 모르게 마구 내달리기 시작했다.

어느새 도착한 곳은 어두컴컴한 학교 운동장이었다. 약간 으스스한 느낌도 들지만 나는 여기 말고는 갈 데가 없다. 춥고 배가 고프다.

나는 구석의 그네에 올라탔다. 너무 조용해서 그네 움직이는 소리가 운동장에 지익지익 울려 퍼졌다. 그때였다.

"여……여기서 뭐……뭐하노?"

감자가 내 뒤를 따라왔는지 어느새 내 옆에 서 있었다. 나는 깜짝 놀랐다.

"바……밤에는 핵교에 구……구신 나타난다!"

나는 지금 귀신보다 감자 네가 더 무섭다고! 나는 그네에서 벌떡 일어났다.

"나를 왜 따라온 거야? 그리고 세상에 귀신이 어디 있니?"

"저……저기 귀신 있데이. 저 나무에 귀신이 산다 카더라."

감자가 가리킨 나무는 그네 뒤편에 우뚝 서 있는 늙은 고목이었다. 가을이라 잎이 모두 떨어져 앙상한 가지만 남은 나무는 바람이 불 때마다 으스스하게 흔들렸다. 어둠 속에 서 있는 모습이 마치 진짜 귀신 같아 보이기도 했다.

"웃기네. 나……나는 귀신 따위 안 믿어!"

그때 한차례 큰 바람이 불자 나무에서 '으히히히힝' 하는 소리가 들려왔다.

"으아아악! 옴마야!"

"귀신이다! 으악, 으악! 걸음아 감자 살리라!"

나와 감자는 동시에 비명을 지르며 운동장을 가로질러 뛰기 시작했다. 우리는 교문을 빠져나와 동네 어귀를 지나 마을 뒷산 기슭까지 내달렸다.

"헉헉. 그만 뛰자. 제 아무리 귀신이라도 이제 못 쫓아올 거야."

내가 헉헉거리며 말하자 감자도 내 옆에 멈춰 섰다. 우리는 너무 힘이 들어 바닥에 털썩 주저앉고 말았다.

꼬르륵.

어머. 나는 너무 부끄러워 배를 움켜쥐었다. 설마 못 들었겠지?

꼬르르르륵.

나는 울고 싶은 심정이 되었다. 숙녀가 남자 아이 앞에서 꼬르륵 소리나 내다니. 아까 오빠네 집에서 사탕과 과자를 약간 먹은 것으로는 배가 찰 리가 없었다.

"니 배……배고프나."

"으응……."

"쪼……쪼매만 기……기다리 봐라! 내가 세상에서 제일 맛있는 거 묵게 해 줄게."

잠시 후, 감자가 팔에 한 아름 안고 온 것은 흙이 덕지덕지 묻은

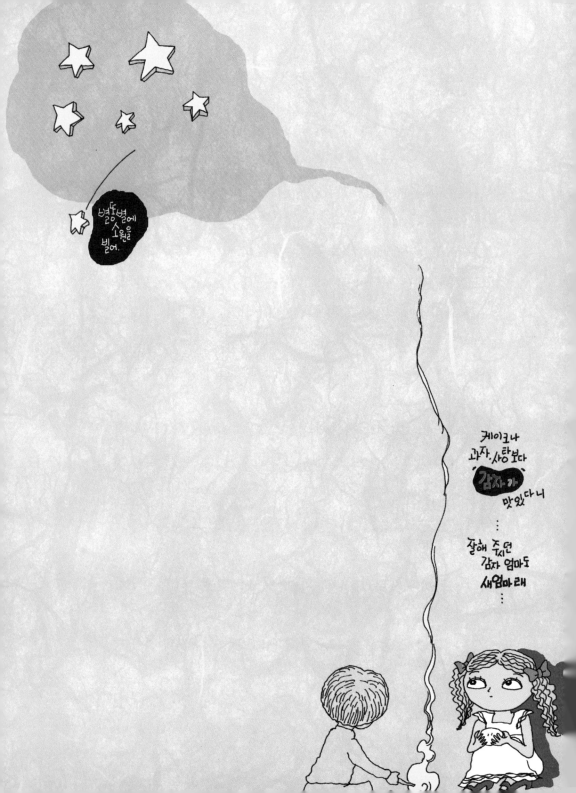

통통한 감자였다. 겨우 감자가 세상에서 제일 맛있는 거라고?

"우……우선 불을 지펴야겠다. 추……춥제, 수인아?"

감자는 여기저기에서 나뭇가지들을 모아다가 쌓아 올리고 불을 지핀 뒤 그 속에 큼직한 감자를 몇 알 집어넣었다. 따뜻하다.

"우……우리 집에서 농사지은 거다. 지……진짜 맛있다. 셋이 먹다 셋 다 디져도 모르는 맛이다."

감자가 익자 감자는 껍질을 대충 까서 나한테 건넸다. 나는 주저주저하다가 에라 모르겠다, 하며 한입 깨물어 입에 넣었다.

우와, 너무 맛있다! 이건 세상에서 내가 먹어 본 음식 중에 제일 맛있다! 케이크나 과자, 사탕보다도 훨씬 맛있다!

"마……맛있제?"

나는 쉴 새 없이 감자를 입에 넣으며 고개를 끄덕였다. 그런데 이 감자라는 녀석, 다른 아이들과 함께 나를 그렇게 놀려 대더니 갑자기 왜 이렇게 착해졌지? 무슨 꿍꿍이라도 있는 걸까?

배가 든든해진 우리는 모닥불을 쬐며 별을 올려다보았다.

"우와. 별 많이 보인다!"

"서……서울에는 벼……별이 안 보인다메?"

"그것보다는 별을 올려다볼 시간이 없는 거겠지. 서울 사람들은 다 바쁘거든."

"내도 서……서울 가 본 적 있다. 6……63빌딩도 갔었다."

"63빌딩? 나는 거기 아직 못 가 봤어. 아빠가 데리고 간다고 약속하고서는 못 지키셨거든. 울 아빠는 거짓말쟁이야. 평생 엄마 안 잊겠다고 약속하고서는 새엄마를 데려왔다."

"새……새엄마 생기면 좋잖아."

"좋긴 뭐가 좋니? 넌 몰라. 동화 속에 나오는 새엄마들은 다 나빴어. 분명히 그 아줌마도 날 못살게 굴 거야."

"그……그렇지 않은 새엄마도 있다!"

"쳇, 네가 어떻게 알아? 넌 마음씨 좋은 엄마도 있으면서."

"사……사실 우……우리 엄마도 새엄마다. 이 년 전에 우리 엄마가 됐다. 그래도 우리 엄마가 세상에서 제일 좋은 분이다. 나랑 민들레를 얼마나 사랑해 주시는데!"

"……"

그때 하늘에서 별똥별 하나가 떨어졌다.

"우와! 방금 별똥별 봤어?"

"벼……별똥별이 떨어질 때 소원을 빌면 이루어진다 카던데."

감자의 말을 듣고 나는 두 손을 모으고 눈을 감았다. 감자 역시

두 눈을 감고 무언가를 중얼거렸다.

제가 빈 소원이 꼭 이루어지게 해 주세요.

철학 돋보기

유학의 갈래

공자가 정리한 중국 고대의 문화에 맹자나 순자가 더 보충한 학문을 유학이라고 했습니다. 그런데 똑같은 유학을 여러 가지로 부르는 바람에 상당히 혼란스러웠을 것입니다. 이것을 정리해 보겠습니다.

공자와 맹자의 유학은 진나라 황제인 진시황이 천하를 통일하기 이전에 있었기 때문에 선진유학(先秦儒學) 또는 원시유학(原始儒學)이라 부릅니다.

그리고 한나라 때에는 공자가 편찬한 경전의 뜻을 풀이하는 데 주력했으므로 훈고학(訓詁學)이라 불렀습니다. 송나라 때의 유학을 성리학(또는 주자학)이라 불렀고, 명나라 때의 유학을 양명학이라고 한다는 것은 앞에서 읽었을 것입니다. 그리고 청나라 때에 와서는 경전이 전해져 온 과정의 진위 여부를 따지는 데 주력했기 때문에 고증학(考證學)이라 불렀습니다.

그런데 이것만 있는 것이 아닙니다.

주자학은 만물에 천리가 들어 있기 때문에 사물을 연구하여 진리를 찾아 마음이 밝아지는 공부를 주장했기 때문에 사람들이 간단히 '이학(理學)'이라 불렀고, 양명학은 마음 밖에 진리가 없다 하며 마음을 중시했기 때문에 '심학(心學)'이라 불렀습니다. 이에 반해 진리는 이(理)나 심(心)에 있는 것이 아니라, 사물을 이루는 데 바탕이 되는 기(氣)에 있다고 보는 기학(氣學)이라는 학문도 있습니다.

도교(道敎)와 유교(儒敎)

도교는 중국의 민간 종교입니다. 도교의 사제를 도사라 부릅니다. 사상적으로 도교는 춘추전국 시대의 노자나 장자의 사상을 기반으로 하여 장생불사(長生不死), 곧 오래 살고 죽지 않는 것을 종교의 목적으로 삼았습니다. 전래 동화나 소설 속에 사람이 죽지 않고 신선이 되었다거나 옥황상제나 선녀가 등장하는 이야기도 모두 도교와 관계가 깊습니다.

도교를 신봉하는 사람들은 현실의 정치적인 문제나 사회적 문제에 큰 관심을 보이지 않습니다. 가능한 세상을 떠나 수양하며 건강하게 오래 사는 것을 추구했습니다.

이와 반대로 유교는 철저하게 현실적인 종교입니다. 가족을 비롯하여 사회나 국가에 대하여 지대한 관심을 가지고 있습니다. 보통의 종교와는 달리 유교에는 천국이나 지옥 같은 내세가 없습니다. 그렇기 때문에 유학자들은 이 땅에서 이상적인 국가를 건설하기 위해 왕을 설득하거나 교육시켰고, 자신들도 처절하게 정치에 참여하였던 것입니다. 그것이 안 되면 물러나 다음 세대를 위해 교육에 힘썼습니다.

달게 받은 벌, 양지

이미 나타난 선과 악을 구별하여 아는 것이 양지(良知)이며
선을 행하고 악을 버려 마음의 본체로 돌아가는 것이 바로 격물(格物)이다
-왕수인-

어른들께 걱정을 끼쳐 드렸기 때문에 나와 감자는 선생님께 벌을 받게 되었어. 그런데 참 이상한 벌이야. '양지'가 뭔지 조사해서 이틀 후에 어른들 앞에서 발표를 해야 한대. 대체 양지가 뭐야?

① 나만 믿어!

그날 나와 감자는 모닥불 옆에서 깜박 잠이 들었다. 나를 흔들어
깨운 것은 바로 아빠였다.

"수인이 이 녀석아!"

"아……아빠!"

"아빠와 할머니가 얼마나 애타게 찾았는지 아느냐."

아빠는 안도의 한숨을 내쉬며 나를 꼭 껴안아 주셨다.

알고 보니 이미 동네에는 한바탕 난리가 나 있었다. 몰래 집을

나온 것도 모자라서 집으로 돌아가겠다며 옆집 오빠 집에서 나온 아이가 감쪽같이 사라져 버렸으니 그럴 법도 했다. 할머니와 아줌마, 아빠를 비롯해 옆집 오빠와 담임선생님, 그리고 온 동네 사람들이 나를 찾아 헤맸다고 했다.

"제 잘못입니다. 저는 수인이가 집으로 간 줄만 알고."

오빠는 아빠에게 죄송하다며 연신 사과를 했다고 하고 할머니는 눈물을 흘리시며 파출소에 신고까지 하셨단다.

아빠 등에 업혀 집으로 돌아온 나는 그날 밤 크게 병이 났다. 추운 데서 떨면서 잤기 때문에 몸살감기가 난 것이었다. 열이 40도까지 올라서 아빠는 승용차에 나를 태우고 시내 병원 응급실을 찾았다. 겨우 열을 내린 뒤에는 꼼짝없이 집에서 며칠간 간호를 받으며 누워 있어야 했다.

할머니는 꾸벅꾸벅 조시면서도 내 이마의 찬 수건을 갈아 주시고 땀도 닦아 주시고 약도 먹여 주셨다. 또 가끔 눈을 떠 보면 아줌마가 내 머리맡을 지키고 계셨다.

"우리 예쁜 수인이 아프지 않게 해 주세요."

아줌마는 조용히 눈을 감고 기도를 하고 계셨다. 나는 그런 아줌마 얼굴이 보기 싫어 눈을 꼭 감아 버렸다. 아줌마가 약이나 죽을 먹여 주려 할 때면 싫다면서 고집을 부렸다.

꼬박 일주일을 앓고 난 뒤 학교엘 갔다. 선생님은 수업이 시작되자마자 나와 감자를 자리에서 일어나게 하셨다.

"너희 둘이 무슨 잘못을 했는지 알겠니?"

나와 감자는 고개를 푹 숙이고 '네' 라고 대답했다.

"수인이 말해 보거라. 무슨 잘못을 했니?"

"아무 말도 없이 집을 나와서 어른들께 걱정을 끼쳐 드렸어요."

"그래. 너희 둘은 큰 잘못을 저질렀어. 그러니 벌을 받아야 하는 것이 옳겠지?"

나와 감자는 벌이라는 말에 움찔했다.

'선생님, 저는 이미 일주일이나 충분히 앓았다고요. 한 번만 봐주세요.'

그렇지만 선생님의 단호한 표정을 보니 차마 입에서 말이 떨어지지 않았다.

"지난 번, 수인이가 양명학에 대해 발표를 한 적이 있었지? 양명학을 완성한 왕수인이라는 사람은 양지의 이치를 깨달았다고 해. 그렇다면 '양지' 라는 건 뭘까?"

나와 감자는 선생님의 갑작스러운 질문에 눈이 동그래졌다. 양

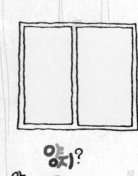

지? 그게 대체 뭐지? 옆집 오빠도 양지라는 것에 대해 이야기해 준 적은 없는데.

"모르겠어요."

우리는 동시에 대답을 했다.

"그게 바로 선생님이 너희 둘에게 내리는 벌이야. 양지가 뭔지 알아내는 것!"

"네?"

"이틀 후 이 교실에서 너희 둘은 양지에 대해 조사를 해서 어른들 앞에서 발표를 해야 돼. 그러나 절대로 다른 사람의 도움은 받으면 안 되고 스스로 해결해야 한다. 알겠니?"

나는 어안이 벙벙했다. 처음 들어 보는 양지에 대해 조사를 해서 어른들 앞에서 발표를 해야 한다고? 세상에 그런 벌도 다 있나?

감자는 '차라리 몇 대 아프게 맞거나 의자 들기 하는 게 더 낫겠다' 라는 표정으로 나를 쳐다봤다. 나는 그런 감자에게 '나만 믿어!' 라는 표정을 지어 보였다. 그날 밤, 나 때문에 감자도 부모님과 동네 사람들한테 크게 혼났다고 한다. 그래도 나를 조금도 원망하지 않는 착한 감자를 좋아하게 될 것 같은 느낌이 든다. 물론 친구로서 말이다! 히히.

"어이, 감자 좋겠네! 서울깍쟁이랑 얼레리꼴레리!"

"이제 감자 니는 우리 편이 아닌 거다!"

쉬는 시간이 되자 콩나물과 된장은 이제 감자까지 놀려 대기 시작했다.

"흥! 니는 이제부터 내 오빠야가 아니다!"

감자의 여동생인 민들레도 씩씩거리며 자기 오빠를 얄밉게 노려보고 있다. 못된 놈들. 나랑 친해졌다는 이유로 감자까지 왕따를 시키다니.

미안해, 감자야. 내가 어떻게든 양지가 뭔지 꼭 알아낼게! 걱정 마!

② 양지를 찾아서

 방과 후에 나는 얼른 옆집으로 달려갔다. 오빠한테 사과도 하고 '양지'가 뭔지도 물어보기 위해서였다. 사실 앓았던 일주일 동안 오빠가 제일 보고 싶었다. 이 힘든 시골 생활을 견뎌 낼 수 있는 것도 모두 든든한 오빠 덕분이라고!

 '으흐흐, 선생님! 저한테 오빠가 있는 한 그런 벌은 얼마든지 달게 받을 수 있어요.'

 "절대 안 돼! 알려 줄 수 없다."

헉! 그런데 이게 웬일? 오빠는 양지에 대해 알려 달라는 내 부탁을 단호히 거절하는 것이 아닌가?

"제가 그날 집으로 안 간 것 때문에 아직도 화나 계신 거예요? 잘못했어요, 오빠! 그러니까 좀 알려 주세요."

"너희 담임선생님이 너와 감자에게 벌을 내릴 때, 뭐라고 말씀하셨니? 절대로 다른 사람의 도움은 받으면 안 되고 스스로 해결해야 한다고 하시지 않았니?"

아, 아니 오빠가 그걸 어떻게 알고 계시지?

"그……그렇게 말씀하신 게 사실이지만, 어떻게 제가 스스로 해결할 수 있겠어요? 시간도 이틀뿐이라고요."

"안 돼!"

"오빠가 몰래 알려 줘도 선생님은 모르실거예요! 오빠아!"

"절대, 절대 안 된다. 벽장 속에서 초콜릿을 꺼내 줄 테니 그거나 먹고 가렴."

나는 화가 났다. 대체 안 된다는 이유가 뭐야? 아무래도 오빠는 저번 일로 아직도 화가 안 풀리셨나 보다. 소심하시긴!

"쳇, 됐어요! 초콜릿같이 맛없는 건 이젠 안 먹어요!"

나는 한껏 뾰로통한 얼굴로 팔짱을 끼고는 '그럼 갈래요!' 라며 방문을 나섰다.

"허허. 녀석도. 그럼 힌트 하나를 주마!"

오호라, 힌트? 진작 그렇게 나오실 것이지! 히히.

"양지를 너무 멀리서 찾지는 마라. 그건 아주 가까이에 있으니까."

나는 고개를 갸우뚱했다.

"아주……, 가까이에요?"

"그래. 바로 수인이 마음속에."

양지가 바로 내 마음속에 있다고? 그게 무슨 소리지?

휴. 점점 더 모르겠다.

나는 고민에 빠진 얼굴로 깡충깡충 뛰어 집으로 돌아왔다. 어제 잠결에 들었는데 아빠는 회사 일로 바쁘셔서 오늘 오전에 다시 서울로 올라가셔야 한다는 거였다. 나는 차라리 다행이라고 생각했다. 한동안 아빠 얼굴은 정말이지 보고 싶지 않다.

내가 그토록 사랑했던 아빠를 이렇게 미워하게 되다니. 어른들이 산다는 것은 한 치 앞을 내다볼 수 없는 거라고 하시더니 그 말이 딱 맞다.

"수인이 왔니?"

그런데 마당에서 빨래를 널고 있다가 나를 보고 반갑게 웃으시는 아줌마라니!

"할머니! 저 아줌마 왜 안 갔어?"

나는 아줌마 들으라는 듯이 크고 날카로운 소리로 할머니한테 물었다. 할머니는 내 목소리를 듣고도 내다보지도 않으신다.

아줌마 역시 못 들은 척 계속해서 내 속옷과 원피스를 탁탁 털어 빨랫줄에 널고 있었다.

"내 옷을 왜 아줌마가 만져? 에잇!"

나는 아줌마의 손에 들린 빨랫감들을 빼앗아 바닥에 힘껏 내던졌다. 하얀 빨래가 마당에 내동댕이쳐지면서 흙투성이가 돼 버렸다.

"내 물건에 손 대지 마! 그리고 서울로 가 버려!"

나는 아무 말 없이 쭈그리고 앉아 지저분해진 빨래들을 주워서 털고 있는 아줌마를 향해 소리쳤다. 아줌마는 할머니의 보라색 고무 슬리퍼를 신고 있다.

'흥. 서울로 안 가 버리면 이번엔 옷을 거름 속에 빠트릴 테다!'

내 방으로 들어온 나는 분이 덜 풀려 구석에 엎드려 한참을 씩씩거리다가 깜박 잠이 들었다.

"수인아! 노올자!"

"수인아! 노올자아!"

얼핏 잠에서 깨어 보니 밖에서 감자의 목소리가 들려왔다.

얼른 뛰어나갔더니 감자는 모락모락 김이 나는 찐 감자가 듬뿍 담긴 커다란 그릇을 들고 서 있었다.

"들어와!"

나는 얼른 감자를 내 방으로 맞이했다. 우리는 찐 감자의 껍질을 까서 부지런히 입에 넣으며 신나게 이야기를 주고받았다.

"근데 수……수인아. 니 양지가 뭔지 아나?"

"아니. 이틀밖에 시간이 없는데 어쩌지?"

나와 감자는 금세 시무룩해졌다.

"그렇지만 힌트는 하나 얻었어! 양지는 바로 내 마음속에 있대!"

"수……수인이 니 맴속에?"

"응!"

"그……그럼 양지는 꼬……꽃인가 보다. 니……니한테는 꽃향기가 나……나거든."

감자의 말을 듣고 나는 깔깔거리며 웃었다. 그러자 감자의 얼굴이 빨개졌다.

"아까 담임선생님께서 왕수인이 양지의 이치를 깨달았다고 하셨지? 그렇다면 왕수인의 양명학에 대해 정리하다 보면 양지가 뭔지도 알 수 있을 거야. 분명히 연관이 있을 테니까."

"니……니가 발표한 내용에서 이……이건 기억이 난다. 양명학의 장점은 간단하고 쉬운 거라꼬! 내……내는 간단하고 쉽지 않으면 잘 모르겠거든."

"맞아. 왕수인은 전쟁터에 나가 싸우는 시간이 더 많았기 때문에 책상 앞에 앉아서 조용히 공부할 시간이 별로 없었대. 그래서 간단하고 쉬운 학문이 필요했던 거래. 음, 또 뭐가 있더라. 맞다. 주자는 모든 사물에 진리가 들어 있기 때문에 진리를 깨닫기 위해서는 모든 사물을 일일이 조사해 봐야 한다고 했대. 그렇지만 왕수인은……, 음, 왕수인은 뭐랬더라?"

나는 기억이 안 나서 머리를 긁적였다.

"니 버……벌써 다 까먹은 거가? 호호호."

"그러게. 히히. 아! 기억났다! 그렇지만 왕수인은 주자의 공부 방법이 틀렸다고 보았고 진리란 오직 사람의 마음속에 있다고 했대!"

내가 여기까지 말하자 감자의 눈이 휘둥그레졌다.

"바……방금 뭐라꼬 했노?"

"진리란 오직 사람의 마음속에 있다고……. 어머! 사람의 마음 속에?"

나와 감자는 동시에 '와아!' 하고 소리를 질렀다.

그래! 왕수인은 사람의 마음속에 진리가 있다고 했다. 그런데 오빠는 양지라는 건 멀리 있지 않고 내 마음속에 있다는 힌트를 주었지! 그러니까 왕수인이 말한 진리라는 것이 바로 양지인 거야!

③ 엄마와 새엄마

나와 감자는 양지에 대해 반쯤은 해결했다는 생각에 신이 나서 오늘은 쉬고 내일 다시 고민해 보기로 했다. 감자가 집으로 돌아가자 심심해진 나는 방에 엎드려 책을 읽었다.

"수인아, 저녁 먹으러 나오렴."

아줌마의 목소리다. 대체 할머니는 어딜 가시고 자꾸 저 아줌마가 나한테 말을 거는 거지? 정말 불편해서 살 수가 없다.

똑똑똑.

"수인아! 배고프지? 저녁 먹자."

아줌마는 노크 몇 번을 하더니 문을 왈칵 열었다.

"누가 내 방문 열래? 나가! 밥 안 먹어!"

나는 또 아줌마한테 크게 소리를 질렀다. 그러자 아줌마는 슬픈 표정으로 조용히 방문을 닫고 나가시는 거다.

내가 좀 심했나? 그래도 뭐 어쩔 수 없지. 나는 저 아줌마가 너무 싫으니까!

결국 난 저녁밥을 굶어야 했다. 아까 감자라도 좀 남길걸. 나는 굶주린 배를 부여잡고 잠자리에 누워야 했다.

꼬르르륵.

정말이지 나는 다른 건 다 참아도 배고픈 건 못 참는다. 자다 깨고 자다 깨고를 몇 번이고 반복하다가 나는 결국 늦은 밤 이불을 박차고 벌떡 일어났다. 남은 밥이 있으려나?

주방으로 나온 나는 식탁 위를 보았다. 거기에는 몇 가지 반찬과 밥 한 공기가 잘 차려져 있었다. 그리고 옆에는 아줌마의 메모도 있다.

'수인아, 배고파서 깨게 되면 먹으렴. 국도 있으니 데워 먹어!'

뭐야, 누가 신경 써 달래? 웃겨.

그렇지만 우선 먹고 보자. 나는 국을 데울 겨를도 없이 밥 한 공기를 뚝딱 비웠다. 다시 이불 속에 누운 나는 배가 불러서인지 솔솔 잠이 쏟아졌다.

엄마가 돌아가시기 전인 초등학교 2학년 때였다. 어린애였던 나는 아빠에게 자주 투정을 부렸고 그래서 엄마에게 자주 혼나곤 했다. 그럴 때면 고집이 셌던 나는 밥을 안 먹겠다고 우겼고 울면서 잠이 들었다. 그러다가 배가 너무 고파 깬 적이 있었는데 그때 나는 졸린 눈을 비비면서도 먹을 것을 찾아 더듬더듬 주방으로 갔다. 식탁 위에는 엄마가 나를 위해 준비해 놓은 간단한 빵과 과일이 차려져 있었고 그 옆에는 엄마의 따뜻한 메모도 놓여 있었다.

'우리 예쁜 수인이! 또 엄마 말 안 들으면 혼나요!'

엄마, 너무 보고 싶어. 꿈속에서 나는 오랜만에 엄마를 만나 엄마의 따뜻한 품에 안겼다.

다음 날, 학교에서 감자와 다시 고민에 빠졌다.

"왕수인이 말한 진리가 양지라는 것도 알았고 그 양지는 사람의 마음속에 있다는 것도 알았는데 그 이후로는 전혀 아무 생각도 안 나."

"내……내도."

"음……, 그런데 대체 사람의 마음이 어떻게 진리가 된다는 걸까? 그것부터 알아야 해."

"사……사람들의 마음은 다 착하잖아. 그러니까 그 착한 마음이 진리라는 게 아닐까? 니 생각은 어떻노?"

나는 고개를 가로 저었다.

"사람들 마음이 뭐가 다 착해? 세상에는 나쁜 사람들이 더 많아! 너도 처음엔 아무 잘못도 없는 나를 괴롭혔잖아."

"그……그건 그……그냥 장난으로……."

"흥!"

정말 산 넘어 산이다. 어제 반을 해결했으니 오늘도 남은 반쯤은 거뜬히 해결할 수 있을 줄 알았는데!

"하긴, 감자 네 말이 맞을 수도 있어. 사람은 원래 착하다고 주장한 철학자도 있으니까."

"응? 그……그게 누군데?"

"맹자라는 철학자야."

아! 맹자를 생각하니 또 떠오른 생각이 있다!

"맞아! 오빠가 그랬는데 왕수인은 맹자의 사상을 많이 이어받았대. 그러니까 왕수인도 맹자처럼 성선설, 즉 사람은 본래 착하다는 주장했을 거야!"

"그……그렇구나. 그럼 사람 맴속의 진리란 결국 착한 마음을 말하는 긴가?"

우리가 여기까지 이야기를 나누었을 때 쉬는 시간이 끝났다. 나는 끝맺음을 하지 못한 것이 아쉬웠지만 다음 쉬는 시간을 기다리는 수밖에 없었다. 그런데 담임선생님이 양손에 보따리를 가득 들고 교실로 들어오시는 거다.

"쌘님! 그게 뭐예요?"

콩나물과 된장, 민들레는 얼른 뛰어가서 선생님의 보따리를 받아 들었다.

"와아! 과자다, 과자!"

"우유랑 빵이랑 과일도 마이 있다!"

그제야 나와 감자도 궁금해져서 얼른 뛰어가 보따리 안을 구경했다. 정말로 보따리는 온갖 맛있고 비싼 군것질거리들로 가득 차 있었다.

"자, 자리에 앉으면 선생님이 똑같이 나누어 줄게요. 오늘은 다과회를 열어야겠군요!"

다들 신이 나서 자리로 돌아가 앉았다.

"잘 먹겠습니다!"

이게 웬 떡이람. 선생님이 다섯 명에게 똑같이 먹을 것을 나누어 주자 다 같이 허겁지겁 먹기 시작했다. 먹을 것은 금세 바닥이 났다.

"어휴! 잘 묵었다!"

"너무 맛있다, 그제?"

우리 다섯 명은 모두 부른 배를 두들겼다.

"자, 모두들 맛있게 먹었나요?"

"네! 잘 먹었습니다!"

"호호. 인사는 모두 수인이에게 하세요. 오늘 간식은 수인이 어머니께서 손수 준비해 오신 거랍니다. 수인아, 잘 먹었어요!"

뭐? 그게 무슨 말씀이세요? 제 엄마라니요?

내가 얼떨떨해 하고 있는데 콩나물, 된장, 민들레는 선생님께서 시키셨으므로 마지못해 나한테 인사를 했다.

"뭐, 잘 묵었다!"

"고……고마워!"

나한테 엄마가 없다는 것을 아는 감자만이 내 귀에 대고 '어떻게 된 일이냐?'라고 물었다.

다음 쉬는 시간이 됐을 때 나는 그 아줌마가 그랬을 거라는 생각이 들었다. 흥, 진작 알았더라면 먹지 않았을 텐데! 이런다고 내가 자기를 새엄마로 받아들일 줄 알고? 착각하지 마시라고요!

그때 선생님께서 잠깐 교무실을 간 틈을 타 콩나물, 된장, 민들레가 나한테 다가왔다.

"쳇, 누군 좋겠네? 부자 엄마도 있어서!"

"사실 진짜 맛없었다. 웩!"

"나도나도! 억지로 묵었다 아이가! 우엑!"

이것들이! 아까 신나게 먹어 놓고는 왜 이제 와서 딴 소리야?

"그래! 먹기 싫었으면 지금이라도 다 뱉어 내! 뱉어 내!"

내가 강하게 나가자 세 명은 한 발 뒤로 물러서며 약한 모습을 보였다.

"그렇게 맛없었으면 뱉어 내라고! 뱉어 내!"

나는 계속 콩나물, 된장, 민들레한테 소리쳤다. 어쩐지 화가 난다. 그동안은 참았지만 오늘만은 절대 참을 수 없어!

"흥! 저거 엄마가 사온 거라꼬 되게 자······잘난 체하네!"

"그······그러게 말이야. 쳇."

내가 화가 많이 나 보였는지 세 명은 그냥 자기 자리로 돌아가 버렸다. 내 상대도 안 되면서! 한 번만 더 놀려 봐! 그땐 진짜 가만 두지 않을 거야.

'누군 좋겠네. 부자 엄마 있어서!'

'저거 엄마가 사 온 거라꼬 되게 잘난 체하네!'

수업 시간엔 애들이 했던 말이 자꾸 귓가를 맴돌았다.

바보들. 난 엄마가 없단 말이야. 앞으로도 엄마 같은 건 없을 거야. 우리 엄마는 돌아가셨으니까!

오빠, 고마워요!

방과 후에 나는 감자와 집에 함께 왔다. 당장 내일이 발표 날인데 정말 큰일이다.

"아까 어디까지 했지?"

"사······사람 마음속의 진리란 결······결국 착한 마음을 말하는 것 같다고 이야기했었잖아."

"맞다, 그랬었지! 휴. 그런데 그 다음이 생각이 안 나. 단지 양지라는 것이 사람의 착한 마음만을 말하는 것 같지는 않단 말이야."

그때 내 방문이 열렸다. 옆집 오빠였다.

"너희들 제법이구나? 아무에게도 도움 받지 않고 거기까지 알아내다니."

"오빠!"

"너희 담임선생님 몰래 조금이라도 가르쳐 주려고 왔더니, 그럴 필요가 없겠구나!"

나의 표정은 한없이 밝아졌다. 역시 오빠밖에 없다니까!

"오빠, 그래도 결국엔 알려 주실 거죠? 아잉!"

"하하. 그래. 무엇부터 이야기해 줄까? 왕수인은 어느 날 갑자기 양지에 대해 깨달았다고 해. 그래서 후세 사람들은 꿈에 맹자가 나타나 양지의 뜻을 말해 주었다고도 하고 또는 하늘의 음성을 들었다고도 한단다. 왕수인은 나의 마음 밖에 있는 사물에서 진리를 찾는 것을 잘못되었다고 하였단다. 즉 '내 마음이 곧 진리'라고 말하였지. 내가 수인이에게는 전에 말해 주었을 거다. 왕수인이 모든 사물에는 진리가 있다는 말을 듣고 대나무 밭에서 대나무를 꺾어다가 그 속에 들어 있는 진리를 찾으려고 노력했는데 결국 포기했다고 하였지."

"네!"

"그런 실패를 딛고 나서야 왕수인은 진리란 오직 자신의 마음속에만 있다는 것을 깨달은 거란다. 너희들이 진리란 사람 마음속의 착한 마음을 뜻하는 것 같다는 결론에 도달했다면 이런 고민도 했었겠구나. '대체 어떻게 사람의 마음이 진리가 된다는 것일까?'라고 말이지."

"마⋯⋯맞아요! 아까 그런 고민을 했었어요."

감자는 깜짝 놀라며 대답했다.

"하하. 물론 사람의 마음에는 착한 마음만 있는 것이 아니지. 남을 미워하거나 남의 물건을 탐내는 나쁜 마음도 있단다. 그렇지만 그런 나쁜 마음은 사람의 본래 마음이 아니란다. 왕수인은 사람의 본래 마음이 착하다고 보는 맹자의 학설을 따랐기 때문에 사람의 본심을 착하다고 보았어. 사실 양지라는 말도 맹자가 처음 한 말이야. 맹자는 배우거나 생각하지 않아도 양지를 알 수 있다고 보았단다. 그 증거로 아무것도 배우지 않은 어린아이도 그 부모님을 사랑할 줄 알지. 또 어린아이가 위험한 자동차가 다니는 차도에 엉금엉금 기어 내려간다면 누구나 아이가 차도에 가지 못하게 붙들 거야. 바로 사람이 본래 착하다는 증거지."

그럼 단지 착한 마음이 양지라는 이야기인가? 나는 오빠에게 물었다.

"양지가 뭔지 더 자세히 좀 설명해 주세요. 그렇다면 양지라는 건 사람의 착한 마음을 뜻하는 건가요?"

"하하. 양지는 한마디로 설명하기 쉽지 않아. 음……, 일종의 양심과도 같다고 생각하면 될 거야. 즉, 하늘이 모든 인간에게 준 도덕적인 본성이라고 볼 수 있지. 너희들이 너무나도 갖고 싶어 하는 장난감을 친구가 가지고 있어. 그렇다면 그것을 훔치겠니?"

나와 감자는 깜짝 놀랐다.

"아니요! 그건 나쁜 짓이잖아요!"

"하하. 그렇지. 그건 나쁜 짓이다. 나쁘다는 것을 알고 도둑질을 하지 않게 절제할 수 있는 능력, 그것이 바로 양지야. 사람에게는 그런 능력이 있기 때문에 착한 일을 할 수 있는 거야."

"그러니까 즉 무엇이 옳고 무엇이 옳지 않은지 판단할 수 있는 능력이 바로 양지라는 것이지요?"

"맞다!"

아, 나의 환상적인 이해력!

감자는 아직 고개를 갸우뚱하고 있다. 완벽히 이해를 한 내가 이따가 따로 알려 주어야지. 히히.

"그……그런데 모……모든 사람이 옳고 그름을 판단할 수 있는 양지를 갖고 태어나는데 왜 다……다들 착하게 살지 않나요?"

우와, 감자 녀석. 이해를 못해서 고개를 갸우뚱한 게 아니고 다른 궁금증이 생겨서 그런 거였군. 제법인데?

"하하. 좋은 질문이다. 양지란 깨알보다도 더 작은 하나의 가능성일 뿐이야. 그 가능성을 무럭무럭 키워야 한단다. 그냥 내버려 두면 착한 사람이 될 수 없어."

"키워요? 양지를요?"

"그래, 그건 너희들이 다시 곰곰이 생각해 보아라. 더 이상 말해 줬다가는 내가 너희 담임선생님한테 혼나겠구나. 하하. 그럼 오빠는 이만 가 봐야겠구나."

오빠가 간다니 나는 갑자기 너무 섭섭해졌다. 늘 나한테 많은 것을 알려 주는 오빠. 오빠와 있으면 마음이 너무 편해진다. 나는 오빠를 좋아하는 것 같다. 오빠가 준수를 닮아서 좋아하는 건 절대 아니다!

"오빠! 그럼 내일 오빠한테 놀러 가도 돼요?"

"그러려무나."

"히히. 네! 내일 꼭 놀러 갈게요! 안녕히 가세요!"

"나……나도 집에 가……갈 거다."

오빠가 돌아가자 감자도 집으로 돌아간다고 했다.

"조금 더 공부하다 가. 내일이 당장 발표잖아!"

"쳇! 돼……됐다! 네가 좋아라하는 옆……옆집 형이랑 해라!"

뭐야, 감자가 지금 질투하는 거야? 이놈의 인기는 서울에서나 시골에서나 도무지 사그라지지를 않는다니까!

나는 오빠가 이야기해 준 것을 머릿속으로 정리해 보고 곰곰이 생각도 하느라 늦게야 이불 속으로 들어갔다.

그때였다. 할머니와 아줌마의 이야기 소리가 조곤조곤 들려왔다. 아무래도 내 이야기를 하는 것 같아 나는 귀를 쫑긋 세웠다.

"저는 서울로 떠나겠어요. 제가 여기 계속 남아 있으면 수인이와 친해질 수 있을 거라 생각했는데 오히려 그 애에게 상처만 주고 있어요."

"자네 생각이 그렇다면 하는 수 없제."

"수인이에게 정말 좋은 엄마가 돼 주고 싶었는데……. 수인이는 제 마음을 몰라 주네요."

"우선 결혼을 하고 나면 수인이도……."

"아니요! 결혼하지 않겠어요. 수인이의 마음을 얻지 못한다면 결혼도 아무 의미가 없어요. 죄송해요."

뭐? 아줌마가 서울로 떠나신다고? 그리고 결혼도 하지 않으시겠다고? 그래. 잘됐구나. 아주 잘됐어. 난 저 아줌마가 너무 싫으니까.

⑤ 달게 받은 벌

드디어 감자와 내가 벌을 받는 날이 되었다. 새싹초등학교의 유일한 교실에 우리 할머니와 감자네 가족, 오빠를 비롯한 동네 사람들이 가득 모였다. 모두 나와 감자를 찾기 위해 뛰어다니셨던 분들이다. 또다시 죄송한 마음에 나와 감자는 더욱 열심히 발표를 하자고 다짐했다.

조사는 둘이 함께 했지만 발표는 내가 맡기로 하였다. 모두 감자의 부끄럼 탓이다.

내가 발표를 위해 교탁 위에 올라가자 웅성웅성 시끄럽던 교실이 일순간 조용해졌다.

"안녕하세요? 왕수인입니다. 우선 죄송하다는 말씀을 먼저 드리고 싶어요. 제 잘못으로 모든 동네 분들이 고생을 하셨다니 정말이지 쥐구멍에라도 숨고 싶은 심정이에요. 저는 벌을 받기 위해 이 자리에 섰습니다. 처음에는 양지에 대해 조사를 해 발표를 하라는 선생님의 벌이 참 이상하게 느껴졌지만 이제는 선생님께서 왜 이런 벌을 내리셨는지 알 것도 같아요. 감자와 함께 양지에 대해 공부하면서 정말 많은 것을 깨달았거든요. 그럼 이제 시작하겠습니다."

짝짝짝짝.

교실에 사람들의 박수 소리가 가득 찼다.

"감자와 저는 왕수인이 깨달았다는 양지의 이치가 무엇인지 알아내기 위해 많은 고민을 했어요. 처음에는 너무 막막했어요. 그러다가 왕수인의 사상을 다시 한 번 되짚어 보기로 했지요. 간단하고 쉬운 학문을 추구했던 왕수인은 모든 사물에 진리가 숨어 있다는 주자의 사상을 반박하여 진리란 오직 사람의 마음에 있다고 보았습니다. 그러다가 감자와 저는 양지 역시 사람의 마음속에 있다는 것을 알았고 곧 진리가 양지임을 깨닫게 되었지요. 양지란 한마디로 설명하기는 쉽지 않지만 일종의 양심과도 같습니다. 모든 사람은 도덕적인 본성을 가지고 태어나지요. 즉 어떤 경우라도 옳고 그름을 판단하여 그중 옳은 일을 하게 도와주는 능력, 그것이 바로 양지라고 할 수 있어요. 사람들은 양지를 가지고 있기 때문에 착한 일을 하며 살아가는 것입니다. 오늘날 우리 주변을 보면 욕심을 버리고 순수한 마음으로 착한 일을 하는 사람들을 볼 수 있습니다. 그 사람들은 자신이 손해를 보면서까지 옳은 일을 하려고도 하지요. 대체 그런 마음은 어디에서 온 것일까요? 누가 시킨 것일까요? 아니면 학교에서 그렇게 해야 한다고 배웠을까요? 아닙니다. 왕수인은 사람이면 모름지기 그런 착한 마음을 원래부터 가지고 태어난다고 보았던 것입니다. 왕수인이 깨달은 이 진리는 어버이에게 효도하며 형제를 공경하고 친구들과 잘 사귀며 이웃 어른들과 스승을 잘 받들고 마을과 고장의 평화를 위한 것과 관계된 깨달음입니다. 그런데 감자와 저는 한 가지 의문이 생겼습니다. '그렇다면 모든 사람들이 처음부터 착한 마음을 가지고 태어난다고 했는데 왜 모두가 착하게 사는 것이 아닐까?' 하는 의문이었어요. 옆집 오빠는 양지란 깨알보다도 더 작은 하나의 가능성일 뿐이라고 하였어요. 그 가능성을 키우지 않고 내버려 두면 착한 사람이 되지 않는다고요. 저희 할머니는 밭에 호박이랑 상추랑 고추를 키우세요. 할머니는 농사가 잘 되게 하기 위해 밭에 냄새나는 거름을 뿌리시지요. 저는 그 거름 냄새가 너무 싫었어요. 머리가 띵할 지경이었거든요. 그렇지만 어젯밤에 곰곰이 생각해 보니 할머니가 만약 거름을 뿌리지 않았더라면 호박이랑 상추, 고추는 벌레 먹게 되고 결국 농사를 망치고 말았을 거예요. 마찬가지로 우리가 양지를 갖고 태어났지만 양지를 더 키우기 위해 노력하지 않는다면 절대 착하게 살 수 없을 겁니다. 결국 양지는 그냥 내버려 두는 것이 아니라 다스려서 키워 나가야 하는 것이지요. 그렇다면 양지는 어떻게 키워야 할까요? 세상에는 친구를 괴롭히는 것이 나쁜 일인 줄 알면서 괴롭히는 아이들이 있어요. 또 나를 아껴 주는 사람에게 못되게 구는 것이 나쁜 일인 줄 알면서도 계속 하는 아이도 있지요. 그렇지만 저는 이미 잘못을 저질렀다고 해서 다시 착한 사람이 되기 어렵다고는 생각하지 않아요. 우리의 양심이 멍들기 전에 다시 착한 마음으로 돌이켜 반성해 보고 끊임없이 노력한다면 분명히 양지를 넓혀 나갈 수 있을 거예요. 제가 이 벌을 받으면서 깨달은 것은 바로 그거예요. 저는 이제

양지는 아주 작은 착한 마음이에요. 저는 이제 이 작은 양지를 무럭무럭 키워 나가는 착한 아이가 될 거예요.

양지를 점점 넓혀 나가는 착한 아이가 될 거예요. 다시는 어른들께 걱정 끼쳐드리지 않는 예쁜 수인이가 될게요."

짝짝짝짝.

발표가 끝나자 다시 한 번 교실에 박수 소리가 울려 퍼졌다.

"감사합니다."

나와 감자는 사람들 앞에서 다시 한 번 꾸벅 인사를 드렸다. 할머니, 오빠도 나와 감자를 뿌듯한 표정으로 바라보고 계셨다. 그리고 할머니 옆에는 아줌마도 와 계셨다. 아줌마는 흐뭇한 표정으로 박수를 치시다가 나와 눈이 마주치자 미안한 표정으로 서둘러 교실을 빠져나가셨다.

"수인이와 감자, 너무 잘했어요. 이런 경우를 두고 '벌을 달게 받는다'고 하나요?"

"하하하하."

사람들은 선생님의 농담에 기분 좋게 웃었다.

"선생님이 이런 벌을 내린 이유를 수인이가 잘 이해해 줘서 고마워요. 그럼 수인이가 발표한 내용을 제가 보충 설명해 보겠어요. 왕수인은 양지의 깨달음을 얻고 비로소 성인이 말한 진리는 인간의 본성만으로 충분하다는 것을 알게 되었어요. 나의 마음 밖에 있는 사물에서 진리를 찾는 것은 잘못되었다고 생각한 것이지요. 즉 '내 마음이 진리'라는 것이에요. 물론 이때의 진리란 오늘날 우리가 알고 있는 과학적 진리는 아닙니다. 사람이 사람답게 올바르게 사는 데 필요한 도덕적인 진리를 말하는 것이지요. 과학적인 진리야 분명 인간의 마음 밖에 있는 여러 가지 사물에서 찾아야 하는 것이고요. 이렇게 진리를 찾기 위해서 왕수인은 갖은 고생을 했어요. 그래서 왕수인이 '내 마음이 곧 진리'라고 한 것은 그만큼 값진 것이고, 학문의 역사를 살펴볼 때 큰 업적이 아닐 수 없습니다. 왕수인보다 훨씬 뒤의 일이지만, 서양철학에도 이것과 비슷한 것이 있는데 바로 '이성'이에요. 서양 사람들은 이 이성이 있다고 믿었기에 오늘날과 같이 문화를 꽃피우고 과학적 성과를 이룰 수 있었던 것이지요. 여러분, 사람이 동물과 다른 점이 뭐라고 배웠지요? 바로 이성이 있기 때문이라고 배웠지요? 옳고 그름을 판단할 수 있는 능력이 사람에게 있다는 것은 당시까지만 해도 모든 것이 신의 지배를 받던 서양 사람들에게 있어서 매우 중요한 일이었어요. 그러나 세상에는 양지를 가지고 태어났음에도 불구하고 나쁜 일을 저지르면서 살아가는 사람들이 아주 많아요. 그런 사람들을 가리켜 우리는 '양심도 없다'라고 말을 하지요. 그런 사람들은 이미 나쁜 일을 하는 것이 습관화되었기 때문에 쉽게 착한 사람이 될 수는 없을 거예요. 그래서 왕수인은 교육을 중요하게 생각했습니다. 그것도 어린이 교육을 무척 강조하였지요. 사람의 양심이 멍들기 전에 착하게 가르쳐야 한다는 것이었지요. 그렇다면 지금으로부터 500년 전에 왕수인은 어린이 교육을 어떻게 생각했는지 알아볼까요? 지금 교실 뒤에 와 계신 학부모님들께서 귀담아 들으시면 좋을 내용입니다.

옛날에는 어린이들에게 인간의 도덕에 대해 교육하였다. 그러나 후세에는 글을 외우고 문장을 꾸미는 법만 교육하였고 옛 성인들의 가르침은 교육하지 않았다. 지금부터 아이들을 가르칠 때 마땅히 부모에게 효도하고 형제들과 잘 지내며 충실하고 미덥게 생활하는 것과 예의와 부끄러움을 아는 것을 주요 내용으로 삼아야 할 것이다.

그 가르치는 방법은 노래와 시로 이끌어 뜻과 생각을 열어 주어야 할 것이다. 또 예의를 익혀 그 몸가짐을 엄숙하게 하며, 독서하고 외우게 하여 그 앎이 자라게 해야 할 것이다.

대개 아이들은 놀기를 좋아하고 구속 받고 검사 받는 것을 싫어

한다. 마치 초목이 처음 싹트는 것과 같아서 서서히 자라게 두면
잘 자라는데, 꺾거나 휘면 잘 자라지 못하게 되는 것과 같다.

근래에 아이들을 가르치는 자는 오직 책 읽는 과정을 날마다 감
독하여 야단치고 검사만 하지 예의로 인도하는 것을 알지 못한
다. 아이들에게 총명해져야 한다고 강조만 하지, 선으로 몸과 마
음을 수양하는 것을 가르치지 않는다. 그리하여 회초리 들어 때
리는 것이 마치 죄수를 다루는 듯하니, 아이들이 학교 건물을 감
옥 보듯 하여 즐거운 마음으로 등교하지 않는다. 또한 가르치는
스승을 원수 대하듯 하여 보지 않으려고 한다. 몰래 틈을 엿보아
장난을 치고, 안 그런 척 꾸미고 속여 제멋대로 행동하게 된다.

그리하여 가벼움과 비열함이 날마다 생겨나니, 악을 몰아내고
선을 구하고자 하나 어찌 가능하겠는가?

어떠신가요? 오백 년 전이나 지금이나 우리 아이들을 가르치는
일이 별로 바뀌지 않았구나, 하는 생각이 들지요? 요즘 우리나라
에 과외 열풍이 불어 어릴 때부터 아이를 공부 잘하는 아이로 만
들려고 하나 바르게 자라 착한 사람이 되는 예의를 가르치지는 않
는 것 같아요. 또 당시는 교육이 너무 엄격하여 회초리로 때리는

일이 많았는데, 그렇게 하면 아이들이 학교를 싫어하게 되니 공부하기 전에 노래와 율동으로 시작하라고 말하고 있어요. 오늘날 유치원이나 초등학교 저학년이 그렇게 하듯이 말이에요. 정말 오백 년 전 사람의 말이라 믿기지 않지요? 이렇듯 양지를 잘 기르기 위해서는 어릴 때부터 좋은 교육을 받아야 하는 겁니다. 그러나 이미 교육을 다 받은 어른들은 어떻게 해야 할까요? 어른들도 교육을 통해 양지를 키우면 좋겠지만 각자가 하는 일이 있기 때문에 그건 쉬운 일이 아니겠죠. 그래서 왕수인은 일상생활에서 양지를 연마해야 한다고 했어요. 즉, 농부는 농사를 지으면서, 관리는 사무를 보면서, 군인은 훈련을 하거나 전쟁을 하면서 각자의 양지를 키워 나가야 하는 것이지요. 왕수인 역시 그런 모습을 보여 주고 있어요. 왕수인은 관리 생활을 하면서 백성들을 돌보고 도적 떼를 소탕하는 등 생활 속에서 크게 양지를 발휘하고 키워 나갔답니다."

　선생님의 말씀이 끝나자 아이들과 어른들은 모두 고개를 끄덕였다. 선생님이 왜 나에게 이런 벌을 내렸는지 이제는 확실히 알 것 같다. 그리고 왜 어른들까지 모두 교실로 불러 나의 발표를 듣게 하셨는지도.

학부모님들과 동네 사람들은 뜻 깊은 시간이었다며 선생님께 감사를 전했다. 그리고 예쁘고 똑똑한 아이라며 나를 칭찬해 주셨다. 나한테도 오늘은 정말이지 평생 잊지 못할 추억이 될 것 같다.

⑥ 돌아온 빨간 구두

'내가 생각해도 오늘의 발표는 정말 잘했어!'

그날 밤 나는 뿌듯한 마음으로 잠자리에 누웠다.

발표 준비를 하면서 많은 것을 깨달았다. 마을 사람들 앞에서 약속한 것처럼 이제는 양지를 점차 넓혀 나가는 착한 수인이가 되어야지.

사실 아까 말한 '친구를 괴롭히는 것이 나쁜 일인 줄 알면서도 괴롭히는 아이들'은 콩나물, 된장, 민들레를 가리킨 말이었다. 내가 그 말을 할 때 아이들을 보니 뭔가 찔리는 표정들이었어! 다시는 그 아이들이 나를 괴롭히지 않았으면, 그리고 친하게 지냈으면 좋겠다. 이제부터 나는 착한 수인이니까! 그리고 '나를 아껴 주는 사람에게 못되게 구는 것이 나쁜 일인 줄 알면서도 계속하는 아이'는……. 에휴, 모르겠다.

"수인아, 자니?"

아줌마 목소리다. 나는 이불을 머리끝까지 뒤집어쓰고 자는 척을 했다. 아줌마는 슬며시 내 방으로 들어오더니 내 머리맡에 앉으셨다.

"자는구나. 아줌마는 내일 아침 서울로 떠날 거야. 마지막 인사하러 왔어. 이제 다시는 보지 못하겠지?"

나는 숨을 죽이고 아줌마의 말에 귀를 기울였다.

"수인이는 이 아줌마를 미워했지만 아줌마는 수인이를 미워하지 않아. 수인이에게 상처를 줬다면 정말 미안하단다. 사실 나도 어렸을 때 어머니가 돌아가셨어. 그래서 엄마한테 투정 부리고 어리광도 부리는 친구들을 볼 때면 너무 부러웠단다. 아무리 나쁜 엄마라도 한 분 계셨으면 했어. 그래서 나는 너의 마음을 잘 이해할 수 있다고 생각했단다. 내가 어머니를 그리워했던 만큼 수인이에게 좋은 엄마가 돼 주고 싶었어. 그렇지만 수인이는 이 아줌마를 미워만 하는구나."

아줌마는 흐느껴 울기 시작하셨다.

"……아주 나중에 수인이가 예쁜 숙녀가 되면, 그때 다시 만날 수 있었으면 좋겠구나. 수인아, 안녕."

아줌마는 나의 이마를 몇 번 쓰다듬어 주신 뒤 조용히 방문을 닫고 나가셨다.

몇 시간이 흘렀을까. 나는 지난번처럼 조용히 방문을 열고 주변을 살폈다. 할머니와 아줌마는 주무시는지 사방이 조용하다. 한 걸음, 한 걸음 발을 떼서 현관문까지 온 뒤 슬금슬금 내 구두를 찾아 손에 들었다.

'여기서 신으면 소리가 날 테니 나가서 신어야겠다.'

밖은 어두컴컴하다. 나는 마치 강아지처럼 코를 킁킁거리며 할머니 밭 근처의 거름 냄새가 나는 쪽으로 갔다. 그곳에는 지난번과 마찬가지로 조그마하게 볏단이 쌓여 있다. 나는 나뭇가지를 구해다가 거름을 조심조심 헤쳤다.

"윽, 냄새! 여기 어디쯤 있을 텐데?"

나뭇가지로 계속 헤집다 보니 뭔가가 가지 끝에 걸려 나왔다.

여기 묻은 건 아줌마의
빨간 구두가 아닌
바로 나의 "양지"였어

내 양지도
아직 작지만
앞으로
계속 키워서
착한 수인이가 될게요.

"찾았다! 어휴. 냄새 진짜 지독하다."

나는 얼굴을 찡그리며 손으로 코를 막았다.

다음날 아침, 나는 신발장에 깨끗하게 닦인 빨간 구두 한 켤레를 예쁜 글씨로 쓴 메모와 함께 놓았다.

'안녕히 가세요, 아줌마! 그렇지만 꼭 예쁜 수인이 다시 보러 오세요. 기다릴게요.'

성즉리(性卽理)와 심즉리(心卽理)

성즉리와 심즉리는 성리학(주자학)과 양명학을 구분 짓는 대표적인 논리입니다. 성즉리는 인간의 성품이 곧 천리라고 보는 것입니다. 반면에 심즉리는 인간의 마음이 곧 천리라고 보는 것입니다. 이렇다 하더라도 두 학문은 큰 차이가 없습니다. 다만 두 학문의 차이는 공부하는 방법에 있습니다. 성리학은 사물과 인간의 본성을 이루는 천리가 원래 같은 것이므로 사물의 본성인 이치를 하나하나 공부하면 그것이 쌓여서 한순간 사람의 본성이 밝아진다고 봅니다. 반면에 양명학은 사물의 본성만으로는 이치를 알 수 없고, 오직 자신의 마음을 깨달아야지만 그 이치를 알 수 있다고 합니다.

양지(良知)

사람이 착한 행동을 할 수 있는 가능성을 말합니다. 원래 맹자가 양능(良能)과 함께 주장한 것이지만, 후에 왕수인이 더욱 발전시킨 철학 개념입니다. 일종의 양심과 같은 말입니다. 사실 인간에게는 착한 행동을 하는 경향성만 있는 것이 아니라 자신만을 위한 이기적인 경향성도 갖고 있습니다. 이러함에도 전통적으로 유가들은 선을 행할 수 있는 가능성만 본성으로 여겼던 것입니다.

치양지(致良知)와 사상마련(事上磨鍊)

모든 사람이 양지를 가지고 태어나지만 모든 사람이 다 착하게 사는 것은 아닙니다. 양지란 깨알보다도 더 작은 하나의 가능성일 뿐이기 때문입니다. 그 가능성을 키우지 않고 내버려 두면 착한 사람이 되지 않습니다. 가령 밭에 곡식을 심었지만 거름을 주지 않고, 잡초도 뽑아 주지 않고 내버려 두면 잘 자라지 못합니다. 그래서 많은 수확을 기대할 수 없습니다. 마찬가지로 우리가 양지를 가지고 태어났지만, 양지를 더 키워 넓혀 나가지 않으면 착하게 될 수 없습니다. 양지를 다스려 키워 나가는 공부가 중요한 것입니다. 그는 양지를 키워 넓혀 나가는 것을 '치양지'라 불렀습니다.

그럼 어떻게 양지를 공부할까요? 사상마련은 '일을 통해 (진리를) 연마한다'는 뜻으로 양명학에서 양지를 넓혀 나가는 방법을 일컫는 말입니다. 즉 양지의 공부를 가리키는 말입니다. 양지는 아주 작은 가능성일 뿐이므로 내버려 두면 자라지 않기 때문에 일상생활 속에서 그것을 넓혀 나가야 하는 것입니다. 일상생활 속에서 양지를 넓혀 나간다는 것은 일이 곧 공부요, 공부가 곧 일이라는 것입니다. 그래서 양명학은 사회적으로 강한 실천성을 가지고 있습니다.

지행합일

산적을 없애 버리기는 쉬워도
마음속의 적을 없애 버리기는 어렵다.
−왕수인−

아줌마가 보내 주신 뜻밖의 선물 때문에 새 싹초등학교 친구들과 화해를 하게 되는 나. 이제 모든 일이 잘 풀려가는 듯싶었는데…….
어느 날 아침 할머니는 내게 충격적인 소식을 전해 주신다.
할머니! 그게 정말이야?

① 뜻밖의 선물

며칠 후 서울에서 커다란 상자에 담긴 선물이 도착했다. 아줌마로부터 배달된 것이었다.

대체 이 커다란 선물은 뭘까? 나는 두근거리는 마음으로 상자를 열었다.

"와아! 컴퓨터다!"

상자 안에는 최신형 컴퓨터가 들어 있었다. 그동안 컴퓨터가 없어서 얼마나 심심했는데! 이제 게임도 할 수 있고 서울에 있는 친구들과 이메일도 주고받을 수 있게 됐다!

학교에 간 나는 당장 감자를 우리 집으로 초대했다.

"감자야, 이따 방과 후에 우리 집에 놀러 와. 아줌마가 컴퓨터를 선물로 보내 주셨어! 같이 게임하자. 어때?"

"와! 커……컴퓨터 게임? 신난다!"

그때 나는 보았지롱. 우리의 이야기를 듣고 있던 콩나물, 된장, 민들레의 표정에 부러움이 잔뜩 묻어나는 것을!

방과 후, 감자와 나는 카트라이더도 하고 테트리스도 하며 시간 가는 줄 모르고 놀았다.

"앗싸! 또 이겼다! 감자, 너 왜 이렇게 게임을 못하니? 헤헤."

"니 정……정말 잘한다. 대……대단하다!"

"우리 좀 쉬었다 할까? 손가락이 다 아프다."

"그……그래! 근데 아……아까 애들이 나한테 너랑 어떻게 친해지게 된 거냐고 묻더라?"

"정말? 그래서 뭐라고 대답했어?"

"그냥 솔직하게 말했지 뭐. 우……우리 집에서 농사지은 감자를 잔뜩 먹게 해 줬다고!"

"엥. 우리가 그렇게 친해진 거였나?"

나는 착하고 순진한 감자 때문에 한바탕 크게 웃었다. 그리고 다시 컴퓨터 앞에 앉아 손을 풀고 다시 게임을 시작했다.

그때였다.

"수……수인아! 노올자아!"

이게 무슨 소리지? 감자는 여기 내 옆에 있는데 누가 놀자고 나를 부르는 거야? 나는 서둘러 현관문을 열어 보았다. 그랬더니 거기에는 팔에 한 가득 '콩나물'을 안은 콩나물이 떡하니 서 있는 거다.

"헤헤. 수……수인아. 같이 놀자. 여기 니 묵으라고 우리 집에서 키운 콩나물 이마이 가져왔따. 이거 되게 맛있데이! 감자보다 더 맛있따!"

나는 황당해서 머리를 긁적이며 아무 말도 못 하고 서 있었다. 그런데 대문이 열리면서 이번에는 민들레가 슬금슬금 들어오는 거다. 민들레는 팔 가득 민들레 꽃을 잔뜩 꺾어 한 아름 가득 들고 있었다.

"……언니야! 언니가 좋아할 것 같아서 민들레 꺾어 왔쪄. 나랑도 같이 놀자!"

눈이 휘둥그레져 있는 동안 또다시 대문이 열리면서 된장까지

눈치를 살피며 들어온다. 역시나 된장이도 팔 한 가득 커다란 옹기를 안고 있다.

"너 그거 된장이지?"

내가 묻자 된장이는 눈을 댕그랗게 뜨고 대답했다.

"우예 알았노? 이거 우리 할매가 담근 거다. 울 아빠가 그러는데 우리나라에서 제일 맛있는 된장이라 카더라!"

결국 우리 집 마당에 모두 모이게 된 콩나물, 감자, 된장, 민들레 그리고 나는 한바탕 크게 웃고 말았다.

우리 다섯 명은 사이좋게 돌아가면서 컴퓨터 게임을 하며 놀다가 민들레로 장식된 식탁에서 감자밥과 된장찌개, 콩나물 무침을 배부르게 먹었다.

비록 그동안은 서로가 놀리고 장난치고 못살게 굴었지만 이제 우리는 세상에서 둘도 없는 친구들이 되기로 약속을 했다.

② 믿을 수 없는 소식

"옆집 오빠가 결혼을 한다고? 그것도 우리 담임선생님이랑?"

나는 오늘 아침 정말이지 믿을 수 없을 정도로 충격적인 소식을 접했다. 할머니는 무방비 상태로 아침밥을 먹던 나에게 마치 폭탄과도 같은 뉴스를 전했던 거다.

"그래, 몇 번을 말해야 되노. 허허. 이 주일 뒤에 결혼식을 올린단다. 정말 축하할 일이제."

나는 그만 입에 물고 있던 숟가락을 떨어트리고 말았다.

믿을 수 없어. 오빠가 왜 우리 담임선생님이랑 결혼을 해? 난 아침밥도 팽개치고 당장 옆집으로 달려갔다. 내가 아침부터 씩씩거리며 집으로 찾아오자 오빠는 영문을 모르겠다는 표정을 지었다.

"오빠, 진짜 결혼해요?"

"하하. 그것 때문에 이 시간에 학교도 안 가고 온 거야?"

"우리 선생님이랑 결혼한다는 게 사실이냔 말이에요!"

"그래, 그렇단다. 수인이도 축하해 줄 거지?"

온몸에 기운이 한꺼번에 탁 빠져나가는 느낌이었다. 오빠가 선생님과 결혼을 하다니. 그것도 나를 감쪽같이 속이고서!

나는 얼른 뒤돌아서 뛰쳐나왔다. 학교에 가고 싶지 않았지만 어른들께 착한 수인이가 되겠다고 약속했기 때문에 무거운 발걸음을 이끌었다.

"수인아, 이 문제는 어떻게 푸는 거냐면……."

아, 선생님 말씀이 전혀 귀에 들어오질 않는다.

"……봤지? 이렇게 푸는 거야. 그럼 이 문제 한번 풀어 보고 있을래?"

다시 보니 선생님 얼굴은 절대 예쁜 얼굴이 아니다. 목소리도 약간 걸걸한 것 같고! 속도 모르는 콩나물, 감자, 된장, 민들레는 선

생님과 오빠의 결혼 축하 선물을 준비해야 하는 것 아니냐면서 머리를 굴리고 있다.

"선물은 무슨 선물이야! 남들 다 하는 결혼!"

나는 짜증을 확 냈다. 아이들은 내가 왜 이러는지 알겠다는 듯한 묘한 표정을 지으며 킥킥거린다. 특히나 감자가 제일 신나게 웃어댄다.

"내……내는 진심으로 쌘님의 결혼을 축하해 드리고 싶다. 음……, 이……이건 어떻겠노? 결혼식 날 축하 연주를 하는 거 말이다."

"축하 연주?"

"우와, 그거 좋다!"

"내는 실로폰 연주 할란다!"

어휴, 자기들끼리 아주 신이 났다.

"수인이 니는 무슨 악기 연주할 줄 아는데?"

"몰라, 몰라!"

결국 나는 피아노를 맡기로 했다. 그리고 콩나물은 리코더, 감자는 실로폰, 된장은 트라이앵글을 연주하고 민들레는 노래를 부르기로 했다.

곡목은 '당신은 사랑 받기 위해 태어난 사람'

시간이 없으므로 당장 내일 방과 후부터 학교에 남아 연습을 해야 한다.

어휴. 이건 정말 끔찍한 아이러니다! 오빠의 결혼식 날, 내가 축하 공연을 해야 한다니!

③ 오로지 지행합일

"된장! 니 또 틀렸잖아!"

"손가락이 굳어서 안 움직이는 걸 어떡하노?"

"젤 쉬운 트라이앵글 치면서 무슨 손가락 타령이고? 웃끼네, 참말로!"

"민들레! 니도 박자 쫌 맞춰라!"

결국엔 요 모양이다. 연습을 시작한 지 겨우 사흘째, 다시는 싸우지 말자고 약속했던 우리가 어느새 이렇게 티격태격하고 있다.

"진짜 큰일 났데이! 결혼식 날은 점점 가까워 오는데!"

"우리 배고픈데 뭐 좀 묵고 할까?"

걱정하는 건 오로지 감자와 나뿐이고 콩나물은 '우선 먹고 하자'를 입에 달고 산다. 된장 역시 '너무 졸려서 오늘은 안 되겠다'라고 말하는 게 습관이고 민들레는 하기 싫으면 그냥 울어 버리고 만다.

흥, 나라고 뭐 하고 싶은 줄 알아? 지금 내 마음이 얼마나 찢어질 것 같은데!

나는 악기는 저 멀리 내팽개치고 교실 바닥에 철퍼덕 누워 있는 아이들을 바라보다가 나도 같이 누워 버렸다. 에라, 모르겠다.

"너희들 집에 안 가고 여기서 뭐하니?"

그때 드르륵, 교실 문을 열고 들어온 것은 바로 오빠였다. 내가 요즘 집에 늦게 돌아온다는 이야기를 할머니에게 전해 들은 오빠가 무슨 일인가 싶어 학교로 찾아온 거였다. 우리가 결혼식 때 축하 공연을 하는 건 절대 비밀인데!

"그……그게……."

"저희들은 그냥……, 어휴."

아이들은 급히 악기를 등 뒤로 감추고 사실을 입 밖에 내지 않으

려고 쩔쩔맸다.

"흥! 여긴 어쩐 일이세요? 담임선생님 보러 오셨나 보죠? 그런
데 어쩌죠? 선생님은 벌써 퇴근하셨거든요. 우리는 악기 연습을
하던 중이었으니 그만 나가 주셔요!"

아직도 오빠에게 화가 덜 풀린 내가 당돌하게 대답하자 오빠는
하하하, 하고 웃으며 내 머리를 쓰다듬었다.

"악기 연습하고 있었던 거니? 그래. 너희들은 학원에 다니는 것
도 아니니까 이렇게 너희들끼리라도 취미 생활을 만드는 게 좋지.
하하."

"마……맞아요! 취미 생활!"

감자는 오빠한테 들키지 않은 것이 다행인지 안도의 한숨을 내
쉬었다.

"그런데 왜 연습은 안 하고 이렇게 놀고만 있는 거야? 한번 하겠
다고 마음을 먹었으면 끝까지 열심히 해야지!"

"잘 안 돼요. 마음으로는 열심히 하고 싶은데 정작 몸이 안 따라
줘요."

콩나물이 이렇게 대답하자 다들 '맞아요, 맞아'라며 맞장구쳤
다. 오빠는 껄껄 웃으셨다.

"그래. 그럴 때가 있지. 그래도 마음먹은 대로 끝까지 해야 하는 거야. 너희들 그럼 아주 사소한 일로 담임선생님이나 부모님께 꾸중을 들은 적이 있니?"

"네! 휴지통을 옆에 두고도 교실 바닥에 휴지나 쓰레기를 버려서 혼난 적이 있어요."

"내는요, 외식을 하러 간 식당 안에서 시끄럽게 뛰고 까불다가 엄마한테 혼난 적이 있어요."

콩나물과 된장이 차례대로 대답했다. 오빠는 고개를 끄덕이시며 또다시 질문하셨다.

"그럼 학교 시험문제에 '공공장소에서 해서는 안 되는 일은 무엇인가?' 같은 문제가 나오면 맞힐 수 있겠니?"

"쳇! 그건 초등학교 저학년들이나 푸는 문제잖아요!"

"너무 쉬워요!"

이번엔 나와 감자가 차례대로 대답했다. 오빠는 무슨 말을 하시려는 걸까? 오빠는 미소를 지으셨다.

"그렇다면 도무지 말이 안 되는구나. 공공장소에서 해서는 안 되는 일을 아주 잘 알고 있는 너희들이 왜 휴지를 함부로 버리거나 식당에서 뛰어다니는 행동을 한 거지?"

오빠가 이렇게 말하자 우리들은 모두 부끄러워졌다.

"그런 것을 바로 아는 것과 행동하는 것이 일치하지 않는다고 말하는 거란다. 너희들뿐만 아니라 아주 많은 사람들이 아는 것을 실천하지 않는단다. 물론 이런 문제는 오늘날만의 문제는 아니란다. 아주 오래전부터 철학자들의 토론 주제였지. 그렇다면 왜 사람들은 어떤 것이 옳은지 알면서도 그것을 실천하지 않을까? 너희들이 당장 악기 연습을 해야 한다는 사실을 알면서도 하기 싫어하는 것과 마찬가지로 말이다. 기억나니? 왕수인은 '내 마음이 진리'라고 말했었지? 그래서 그는 욕심이 마음을 가리지만 않는다면 그것은 곧 행동으로 옮겨질 수 있다고 보았단다. 즉 왕수인은 아는 것과 행동하는 것이 따로 떨어지지 않는다고 보았어. 이것을 바로 지행합일(知行合一)이라 한다. 예를 들어 수인이가 길을 가다가 지독한 거름 냄새를 맡았다고 하자. 그럼 수인이는 어떻게 행동할까?"

"그런 적이 있었는데요. 냄새가 나자마자 손으로 코를 막았어요."

나는 어느 새 오빠한테 삐쳤던 것도 잊고 거름 냄새를 맡았던 기억을 떠올리며 대답했다.

"그래. 또한 맛있는 음식을 보는 순간 우리는 모두 침을 흘리거나 입맛을 다시지? 이런 것을 보면 아는 것과 동시에 그에 대한 행동이 일어난다고 볼 수 있는 거야. 그런데 왕수인은 코를 막거나 침을 흘리는 것만이 '행동'이라고 보지는 않았어. 꼭 눈에 보이게 손이나 발을 움직이는 것이 아니라 눈에 보이지 않는 마음의 움직임까지 행동으로 보았지. 예를 들어 보자. 한 청년이 길을 가다가 너무나 예쁜 여자를 보았어. 청년은 자기의 이상형인 그 여자를 본 순간 여자의 손이라도 잡아 봤으면 좋겠다고 생각을 했지. 이때 청년에게 겉으로 드러난 어떤 행동이 있었니?"

"아니요. 단지 손이라도 잡아 봤으면 좋겠다고 생각한 것뿐이에요."

"그래. 맞다. 청년의 겉으로 드러난 행동에는 변화가 없지만 청년의 마음은 움직였다. 이 마음이 곧 행동의 시작이라고 왕수인은 본 것이다. 왕수인은 또 다음과 같이 말했단다.

일반적으로 사람에게 음식을 먹고자 하는 마음이 생긴 후에 음식을 먹는다. 음식을 먹고자 하는 마음이 곧 뜻이요, 행동의 시작이다. 음식 맛의 좋고 나쁨은 반드시 입에 들어간 이후에 아는 것이니, 어찌 음식을 입에 넣어 보지 않고 먼저 음식 맛의 좋고 나

뿜을 알겠는가? 반드시 길 떠나고자 하는 마음이 있은 다음에야 길을 아는 것이니, 길을 떠나고자 하는 마음이 곧 뜻이요, 행동의 시작이다. 길이 험하고 편한 것은 반드시 몸소 다녀 본 뒤에 아는 것이니, 어찌 길을 직접 다녀 보지 않고 길의 험하고 편한 것을 알았겠는가? 아는 것은 행동의 중요한 방향이다. 행동은 아는 것의 공부이다. 아는 것은 행동의 시작이고, 행동은 아는 것의 완성이다. 아는 것을 말하면 행동이 이미 그 속에 들어 있고, 행동을 이야기 하면 아는 것이 그 속에 자연히 들어 있다.

이렇게 왕수인이 아는 것과 행동하는 것이 하나라고 말한 데는 이유가 있단다. 그것은 사람들이 그들의 마음속에 온갖 나쁜 일과 욕심이 가득하면서도 정작 그것을 겉으로 드러난 행동으로 옮기지 않았을 때는 문제 삼지 않았기 때문이야. 우리는 머릿속으로 도둑질을 천 번 넘게 상상한 사람보다 실제로 도둑질을 한 번 한 사람을 더 나쁘다고 하지. 하지만 왕수인은 겉으로 드러난 행동도 나쁘지만 나쁜 상상을 한 것도 옳지 않다고 보았다. 그렇기 때문에 착하게 살려면 처음부터 마음을 바로 먹어야 해. 진리인 나의 마음이 잘 발휘되려면 마음속에 숨어 있는 나쁜 욕심을 완전히 없애 버려야 한다는 뜻이야."

나는 궁금한 점이 생겨 주저 없이 손을 번쩍 들었다.

"하하. 손 안 들고 그냥 물어봐도 된다."

"그럼 왕수인은 정말 아는 것과 행동하는 것이 일치했던 사람인가요?"

"그랬다고 볼 수 있지. 왕수인은 언제나 마음먹은 대로 행동했단다. 자신의 행동에 어떠한 주저함이나 망설임도 없었어. 자신의 욕심에 흔들리지 않고 마음속의 양지가 발휘되는 길을 택했고 옳다고 생각하는 것에 조금도 뜻을 굽히지 않았어. 비록 더 큰 어려움이 닥친다고 해도 말이다. 그러니까 너희들도 한 번 하기로 마음먹은 악기 연습을 끝까지 해야 한다, 알겠지?"

"네에!"

4 사랑의 결혼식

오빠가 다녀간 날 이후로 우리의 연습은 순조롭게 진행되었다. 우리는 왕수인처럼 지행합일을 행하는 사람이 되기 위해 절대 연습을 게을리 하지 않았다.

드디어 결혼식 날, 최종 연습까지 성공적으로 마친 우리는 설레는 마음으로 학교로 향했다. 오빠와 선생님의 결혼식이 바로 새싹 초등학교 운동장에서 열리기 때문이다.

식을 30분 앞둔 12시. 운동장에 도착한 우리 다섯 명은 깜짝 놀랐다. 이건 결혼식이 아니라 마치 동네 잔치라도 벌어진 듯한 모습이었다. 운동장은 온 동네 사람들로 북적였고 한쪽에서는 고소한 음식 냄새가 풍겨 왔다.

"이야, 맛있는 거 억수로 많다!"

"먼저 쌘님부터 보러 가자!"

선생님은 교무실에 마련된 신부 대기실에 계셨다. 우리는 선생님을 보자마자 다 같이 함성을 질렀다.

"와! 하늘에서 천사가 내려온 것 같아요!"

"너무 예뻐요, 쌘님!"

선생님은 솔직히 내가 봐도 아름다우셨다.

'선생님이니까 내가 오빠를 양보하는 거예요!'

나는 속으로 두 분의 행복을 빌면서 슬그머니 웃었다.

결혼식이 시작되자 감자는 자기가 결혼하는 것도 아닌데 부들부들 떨기 시작했다.

"수……수인아. 내 너무 떨려서……, 연주 모……못하겠다."

"괜찮아! 내가 옆에 꼭 붙어 있을게!"

내가 감자의 손을 꼭 잡아 주자 다른 아이들도 서로의 손을 잡고 떨리는 마음을 가다듬었다.

"그럼 다음 순서로는 새싹초등학교 어린이 다섯 명이 준비한 결혼 축하 공연이 있겠습니다. 하객 여러분들은 모두 박수로 맞아 주세요."

그때 사회자 아저씨의 목소리가 들려왔고 우리 다섯은 서로의 손을 꼭 잡은 채로 조회대 위로 올라갔다. 우리들의 축하 공연을 상상하지 못했던 선생님과 오빠는 깜짝 놀란 표정이었다.

연주를 시작하기에 앞서 나는 다섯 명의 대표로 마이크를 잡고 하객들에게 말했다.

"오빠! 그리고 선생님! 진심으로 결혼 축하드려요. 제가 처음 이 시골에 왔을 때 저는 불평만 할 줄 아는 못된 서울 아이였어요. 그러다가 오빠와 선생님, 여기 있는 친구들을 만나고부터는 비로소 착한 수인이가 되기 위해 노력했어요. 모두 제게 너무 소중한 사람들이에요. 그래서 준비했습니다. 저희들이 꼬박 이 주일 동안 연습한 거예요. 부족하지만 오빠와 선생님에 대한 저희들의 사랑을 담았으니 잘 들어 주세요."

짝짝짝짝.

운동장의 하객석을 가득 채운 동네 사람들의 박수 소리와 함께 우리의 공연은 시작되었다. 나는 노래를 부를 민들레에게 마이크를 넘겨주고 피아노 앞에 앉았다.

> 당신은 사랑 받기 위해 태어난 사람
> 당신의 삶 속에서 그 사랑 받고 있지요
> 당신이 이 세상에 존재함으로 인해
> 우리에겐 얼마나 큰 기쁨이 되는지
> 당신은 사랑 받기 위해 태어난 사람
> 지금도 그 사랑 받고 있지요.

우리의 악기 연주와 민들레의 고운 목소리는 새싹초등학교 구석 구석까지 울려 퍼졌다. 동네 사람들은 한마음 한뜻이 되어 우리의 연주에 귀를 기울여 주셨고 마침내 연주가 끝나자 우렁찬 박수를 보내 주셨다.

선생님은 우리의 공연에 감동을 받으셨는지 손수건으로 눈물을 계속 닦아 내셨다.

결혼식이 모두 끝난 뒤, 오빠와 선생님은 우리 다섯 명을 따로 부르셨다.

"너희들이 우리에게 감동적인 깜짝 선물을 주었듯이 우리도 너희들에게 깜짝 선물을 주려고 한다!"

깜짝 선물? 우리는 '깜짝 선물'이라는 말에 귀를 쫑긋 세우고 눈을 반짝였다.

"그게 뭔데요?"

"어서 알려 주세요!"

오빠와 선생님은 서로 마주보고 한번 찡긋 미소를 지으시더니 말씀하셨다.

"곧 방학이지? 방학이 시작되자마자 우리는 중국으로 신혼여행을 가려고 해. 왕수인이 남긴 흔적을 따라 왕수인의 고향인 사오싱을 둘러보고, 상하이를 거쳐 난징, 난창, 지안 등을 관광하려고 한단다. 아주 뜻 깊은 여행이 되겠지?"

"에이, 그게 무슨 깜짝 선물이에요!"

"잘 댕겨 오시고 선물이나 꼭 사 오세요!"

"하하, 요 녀석들 끝까지 들어 보지도 않고……. 우리는 이번 여행에 너희 다섯 명 모두를 데려가려고 한단다!"

"네? 그게 정말이에요?"

"앗싸!"

"쌤님 최고!"

"와아! 쌤님 만세!"

우리는 깜짝 놀라 눈이 휘둥그레졌다가 너무 기뻐서 펄쩍펄쩍 뛰기 시작했다. 그런 우리들의 모습을 보고 오빠와 선생님은 흐뭇한 미소를 지으셨다.

지(知)와 행(行)

예로부터 동양철학에서는 아는 것과 행동하는 것의 관계에 대하여 많은 논의를 해 왔습니다. 먼저 알고 난 후에 행동한다는 것을 '선지후행(先知後行)'이라 하고, 행동한 후에 안다고 할 때는 '선행후지(先行後知)'라고 불렀습니다. 그뿐만 아니라 아는 것과 행동하는 것이 나란히 나아간다고 주장하는 학자들도 있었는데 이것을 '지행병진(知行竝進)'이라고 하였으며, 아는 것과 행동하는 것이 하나라고 주장하는 것을 '지행합일(知行合一)'이라고 불렀습니다.

그러나 이러한 주장은 말처럼 간단하지 않습니다. 먼저 '안다'고 할 때 무엇을 아는가 하는 것과 '행동한다'고 할 때 행동하는 것이 무엇이냐에 따라 내용이 완전히 달라지기 때문입니다. 그래서 이것을 공부할 때는 학자들이 정확하게 무엇을 말하고 있는지 세밀히 살펴보아야 합니다.

지행합일(知行合一)

지행합일은 '아는 것과 행동하는 것이 합하여 하나'라는 양명학의 중요한 이론 가운데 하나입니다. 그런데 이 지행합일을 이해하는 것은 쉽지 않습니다. 앞에서도 말했지만, 행동이 무엇이며 아는 것이 무엇인지 따져 보아야 합니다.

우선 왕수인이 말한 "앎과 행동에 관한 공부는 본래 서로 떨어질 수 없다. 단지 후세의 학자들이 두 가지 공부로 나누어 앎과 행동의 본체를 잃어버렸다"고 한 말에서 찾아볼 수 있습니다. 즉 아는 것과 행동하는 것은 따로 떨어지지 않는다는 것입니다. 사람들이 말하는 행동이란 꼭 눈에 보이게 겉으로 손이나 발을 움직이는 것만을 말합니다만, 왕수인은 눈에 보이지 않은 마음의 움직임까지 행동으로 보고 있는 것입니다.

이렇게 그가 아는 것과 행동하는 것이 하나라고 말한 데는 이유가 있습니다. 사람들은 마음속으로 온갖 나쁜 일과 욕심이 가득하면서도 정작 그것이 겉으로 드러난 행동으로 옮기지 않았을 때는 문제 삼지 않기 때문입니다. 그러나 온갖 나쁜 일들은 이미 마음속에서 계획되어 나오는 것입니다. 그렇기 때문에 착하게 살려면 애초부터 마음을 바로 먹을 필요가 있습니다. 진리인 내 본래의 마음을 잘 발휘하려면, 마음속에 있는 사사로운 욕심이나 악의 뿌리를 완전히 뽑아 버려야 합니다. 마음은 마음에서 그치는 것이 아니라 행동의 시작이기 때문입니다. 그리고 나서 행동한 후의 앎이야말로 제대로 아는 앎의 완성이 되는 것입니다. 그래서 그는 말합니다.

"아는 것은 행동의 중요한 방향이다. 행동은 아는 것의 공부이다. 아는 것은 행동의 시작이고, 행동은 아는 것의 완성이다. 아는 것을 말하면 행동이 이미 그 속에 들어 있고, 행동을 이야기하면 아는 것이 그 속에 자연히 들어 있다."

에필로그

방학이 시작되자 선생님과 오빠, 그리고 우리 다섯 명은 매일같이 모여 왕수인에 대해 공부했답니다. 확실하게 알고 가면 여행의 참 목적도 제대로 살릴 수 있을 거라는 생각에서였지요. '아는 만큼 보인다'라는 말도 있잖아요?

그런데 여행을 불과 삼 일 앞둔 오늘 아침, 아빠한테서 전화가 걸려왔어요.

"수인아, 아줌마와 함께 너를 데리러 오늘 시골로 내려갈 거다. 이제 서울 와서 다 같이 사는 거야. 우리 수인이 좋지?"

다시 서울로 돌아가고 싶다고, 서울에서 아빠와 행복하게 살았으면 좋겠다고 별똥별이 떨어질 때 기도했었는데 별님이 그 기도를 들어주시려나 봐요.

"네! 아빠랑 다시 같이 살게 되서 좋아요. 얼른 데리러 오세요."

거짓말이었어요. 저는 아빠에게 또 거짓말을 하고 말았어요. 분명히 제가 바라던 일인데 전 왜 이렇게 슬픈 걸까요?

하늘이 무너진다면 바로 이런 기분일까요? 이제 저는 오빠와도 헤어져야 하고 선생님하고도 헤어져야 하고 콩나물, 감자, 된장, 민들레하고도 헤어져야 해요. 다들 여행 계획에 들떠 있는데 떠나야 한다는 말을 어떻게 해야 하나요?

결국 고민만 하다가 왕수인을 공부하기 위해 다 같이 모이는 시간에 학교엘 가지 못했어요. 저는 자꾸만 눈물이 나서 베개에 얼굴을 파묻고 울고 있었지요.

"수인아! 노올자아!"

그때 마당에서 낯익은 목소리들이 들려왔어요. 제가 공부하러 오지 않자 걱정이 된 사총사가 집으로 찾아온 거였어요.

"얘들아, 미안해. 나는 오늘 서울로 다시 돌아가. 여행도 함께 가지 못할 거야. 그렇지만 너희들을 평생 잊지 않을게."

저는 눈물을 펑펑 쏟으며 나의 소중한 친구들에게 고백을 했어요. 결국 우리 다섯 명은 서로 부둥켜안고 엉엉 울고 말았지요.

그래서 결국 어떻게 되었냐고요?

마침 집에 오신 아빠와 아줌마가 울고 있는 우리의 모습을 보셨고 자초지종을 모두 들으신 후에는 우리가 울었던 것보다 더 크게 껄껄 웃으셨어요.

"수인이 이 녀석! 그렇게 이곳이 좋으냐?"

"······네."

"안 들린다, 녀석아! 이곳이 그렇게 좋단 말이냐?"

"네! 진짜 좋아요!"

저는 마지막 기회다 싶어 정말 큰 소리로 씩씩하게 대답을 했지요.

"그럼 할 수 없지. 좋다. 중국 여행을 다녀와도 좋아. 아니다. 아예 우리도 같이 가자꾸나! 이 아빠와 아줌마도 함께 말이다!"

"와아!"

저와 사총사는 신이 나서 환호성을 질렀어요.

"그리고 또 한 가지! 수인이 네가 초등학교를 졸업할 때까지는 이곳에서 함께 살자꾸나. 어떠냐?"

저는 아빠의 말씀을 듣고 너무 기뻐 그대로 아빠에게 안겼어요. 그리

고 볼이랑 이마에 뽀뽀도 해 드렸지요. 아줌마가 질투할까 봐서 아줌마도 꼭 안아 드렸어요. 히히.

드디어 내일 우리는 중국 여행을 떠납니다. 왕수인이 살아서 거쳐 간 상하이와 난징, 난창, 지안 등을 둘러볼 계획이에요.

저는 즐겁게 여행을 마치고 돌아와서는 이렇게 살아 볼 작정이랍니다.

첫째, 내 마음이 곧 진리라는 확신을 가지고 산다.

둘째, 자신이 하는 일에 조금의 의심도 갖지 않으며 용감히 행동한다.

셋째, 자신의 양심에 비추어 옳다고 생각되면 곧바로 행동에 옮겨 아는 것과 행동하는 것이 어긋나지 않게 한다.

어때요? 예쁜 수인이, 이 정도면 진짜 왕수인 뺨치겠죠?

통합형 논술
활용노트

01 오빠가 수인이에게 한 "유학이란 결국 성인이 되는 학문이야. 죽어서 천국에 가기 위해서가 아닌 현재에 살고 있는 인간을 위한 학문이지. 이 땅의 가정이나 이웃, 나라가 잘되게 이끌어 주는 학문이니까"라는 말 속에는 유학자가 어떻게 행동하는 것이 바람직한지가 들어 있습니다. 다음 항목을 참고로 하여 오늘날 바람직한 유학자는 어떤 모습인지 답해 보세요.

· 동성동본 혼인 반대 운동
· 민본사상(民本思想)
· 민주화 운동

02 유학은 원시유학, 훈고학, 성리학, 양명학 등으로 시대를 거치면서 발전해 왔습니다. 이것에 비추어 볼 때 오늘날 학문이나 종교는 어떻게 달라져야 할지 다음 항목을 참고하여 답해 보세요.

· 남녀평등
· 다양한 종교
· 빈부 갈등의 양극화

03 왕수인이 한 '진리란 오직 인간의 마음에만 있다'는 말 속에서 말하고
자 하는 진리는 어떤 것일까요? 한두 가지 예를 들어 말해 보세요.

04 인간의 양심은 언제 어디서나 누구나 똑같다고 생각합니까? 다음 항목을 참고하여 양명학의 양지 이론을 비판해 보세요.

· 과거의 식인종
· 옛날의 하인(노비나 종, 노예)

05 '담배꽁초를 길에다 버리는 것은 나쁘다'는 것은 누구나 다 알고 있습니다. 그런데 안 지키는 사람도 많습니다. 또 '교실 바닥에 휴지를 버리는 행동도 옳지 않다'는 것을 모르는 어린이는 없지만 휴지를 버리는 어린이들이 있습니다. 이와 같이 '지행합일'이 안 되는 이유를 양명학적 입장에서 말해 보세요.

통합형 논술 활용노트
문제풀이

01 유학이란 천국이나 내세를 위한 학문이 아니라 현실을 위한 학문입니다. 그러므로 가정이나 사회, 국가의 질서유지와 발전을 위한 것이 되어야 합니다. 그렇다고 해서 부자들과 권력자를 위한 학문이어서도 안 됩니다. 왜냐하면 유학자들이 목표로 하는 성인이란 백성들을 위해 노력한 사람이기 때문입니다. 그리고 백성이 나라의 근본이므로 당연히 유학자는 독재정권에 맞서 민주화를 위한 투쟁에 앞장서야 합니다. 또한 동성동본끼리 혼인하지 않는 것이 우리나라 풍습이긴 합니다. 하지만 풍습 또한 인간을 위해 있는 것이므로 가까운 친척이 아니라면 같은 성과 본을 가졌다고 해서 사랑하는 사람들을 헤어지게 하는 것은 바람직하지 않습니다. 따라서 바람직한 유학자는 오늘날의 국민들의 입장에서 무엇이 옳고 그른지 판단하여 현실에 참여하는 모습을 가져야 합니다.

02 우선 유학이 이름을 달리하면서 변해 온 까닭을 알아야 합니다. 그것은 시대마다 해결해야 할 문제가 달랐기 때문입니다. 이와 마찬가지로 어떠한 학문이나 종교도 시대 상황에 따라 달라질 수 있어야 합니다. 만약 그렇지 않다면 그 종교나 학문은 인간을 위해 더 이상 존재해야 할 이유가 없을 것입니다.

오늘날과 같이 남녀가 평등한 세상에서 아직도 남녀의 차별을 옹호하는 종교나 학문이 있다면 더 이상 살아남지 못할 것이고, 한 나라나 가정 안에서도 종교의 다양성을 무시하고 자기 종교만 옳다고 고집하는 단체가 있다면 갈등이 끊이지 않을 것입니다. 게다가 우리나라는 지금 빈부 격차로 인한 양극화 문제가 심각한데, 종교 단체와 학자들이 이 문제를 눈감고 외면한다면 그것은 더 이상 진리와 정의를 추구하는 학문이나 종교가 되지 못할 것입니다. 이 문제에 대하여 진지하게 고민하고 해결 방법을 찾는 학문이나 종교만이 생명을 유지하고 계속 발전할 것입니다.

03 '진리란 오직 인간의 마음에만 있다'고 할 때의 진리는 오직 인간에게만 해당되는 것이어야 합니다. 과학적인 지식은 인간이 없어도 법칙으로 존재합니다. 인간의 마음에만 있다고 하는 진리는 인간이 착하게 행동할 수 있는 능력이나 옳고 그름을 분별하는 능력입니다. 옷을 벌거벗고 길에 다니는 것을 부끄러워하는 마음이며, 어린아이가 위험한 물건을 만지려고 하면 못 만지게 말리는 마음이고, 폭력배에게 이유 없이 맞는 사람을 보면 불쌍하게 생각하고, 폭력배의 그런 행동에 분개하는 마음입니다. 비록 이것은 아주 작은 마음이지만 인간이 착하게 행동할 수 있거나 옳고 그름을 판단할 수 있는 능력이 있다는 예입니다.

04 양심은 역사나 문화를 초월해서 언제나 똑같다고 생각하지 않습니다. 가령 식인종 사회에서는 전쟁에서 죽인 사람의 고기를 먹는 것이 그 사회에서는 양심과 관계없이 보편화된 일일 것입니다. 또 옛날에는 노예나 하인 또는 종이

주인을 배반하지 않고 잘 섬기는 것이 양심적인 행동이고, 당시의 종교나 학문도 그것을 양심적인 것으로 평가했습니다. 따라서 양심도 따지고 보면 역사나 문화, 시대에 따라 변할 수 있습니다.

그런데 양명학에서 말한 양지가 꼭 양심과 일치하는 것인지는 모르겠지만, 만약 일치한다면 양지는 불변하는 진리가 아닙니다. 또 만약 양지가 양심과 같은 것이 아니고 단지 선과 악을 판단하는 능력 또는 선을 행할 수 있는 능력이라 할지라도 그것이 선인지 악인지 분명히 알 수 없다면, 그때의 양지도 진리라 보기 힘듭니다.

05 양명학에서는 옳고 그름을 분별하는 것이나 선한 행동을 할 수 있는 가능성을 양지라 부릅니다. 그런데 그 양지는 깨알보다도 더 작은 가능성이라 잘 키우지 않으면 발휘되지 않는다고 합니다. 인간이라면 누구나 선한 행동을 할 수 있는 가능성을 갖고 태어나지만, 그것을 잘 키울 수 있는 적절한 교육을 받지 못해서 바르지 못한 행동을 하는 것입니다. 설

령 교육을 받았다고 하더라도 자신의 작은 이기심이 더 커 버리면 양지가 잘 발휘되지 않습니다. 예를 들자면, 쓰레기를 휴지통에 버리기가 귀찮다고 생각하는 작은 욕심 때문에 올바르지 못한 행동을 하는 것입니다. 이런 행동을 하는 사람에게는 양지를 찾아보기 어렵습니다.